DÉCORATION MODERNE DE LA MAISON

IDÉES POUR UNE PETITE MAISON
AVEC DES PLANTES

MAISON AVEC DES PLANTES À L'EXTÉRIEUR

Droit d'auteur © 2022 Par Lisa Publisher

Tous droits réservés. Aucune partie de cette publication ne peut être reproduite, distribuée ou transmise sous quelque forme ou par quelque moyen que ce soit, y compris la photocopie, l'enregistrement ou d'autres méthodes électroniques ou mécaniques, sans l'autorisation écrite préalable de l'éditeur, sauf dans le cas de brèves citations incorporées dans des critiques et certaines autres utilisations non commerciales autorisées par la loi sur le droit d'auteur.

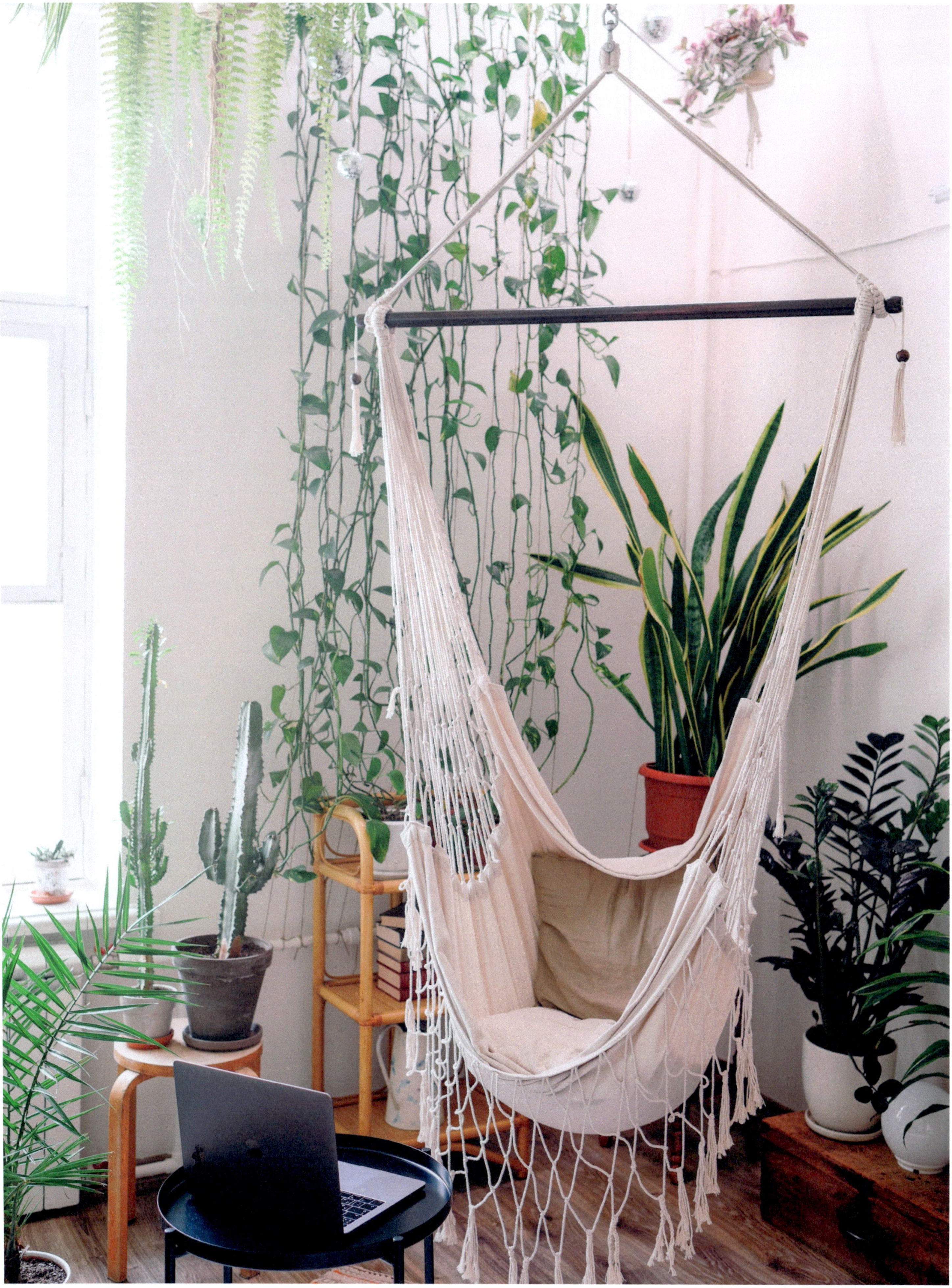

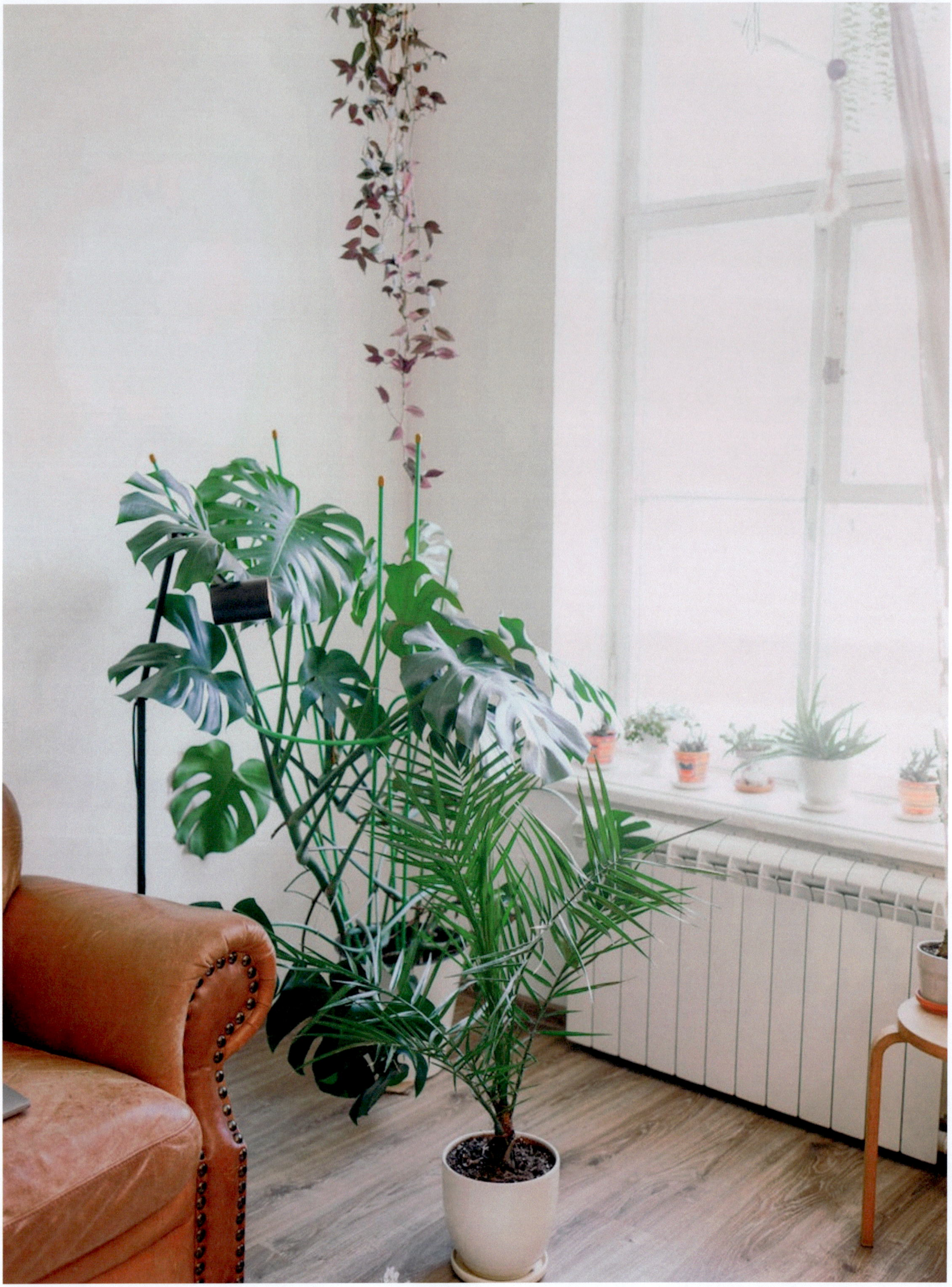

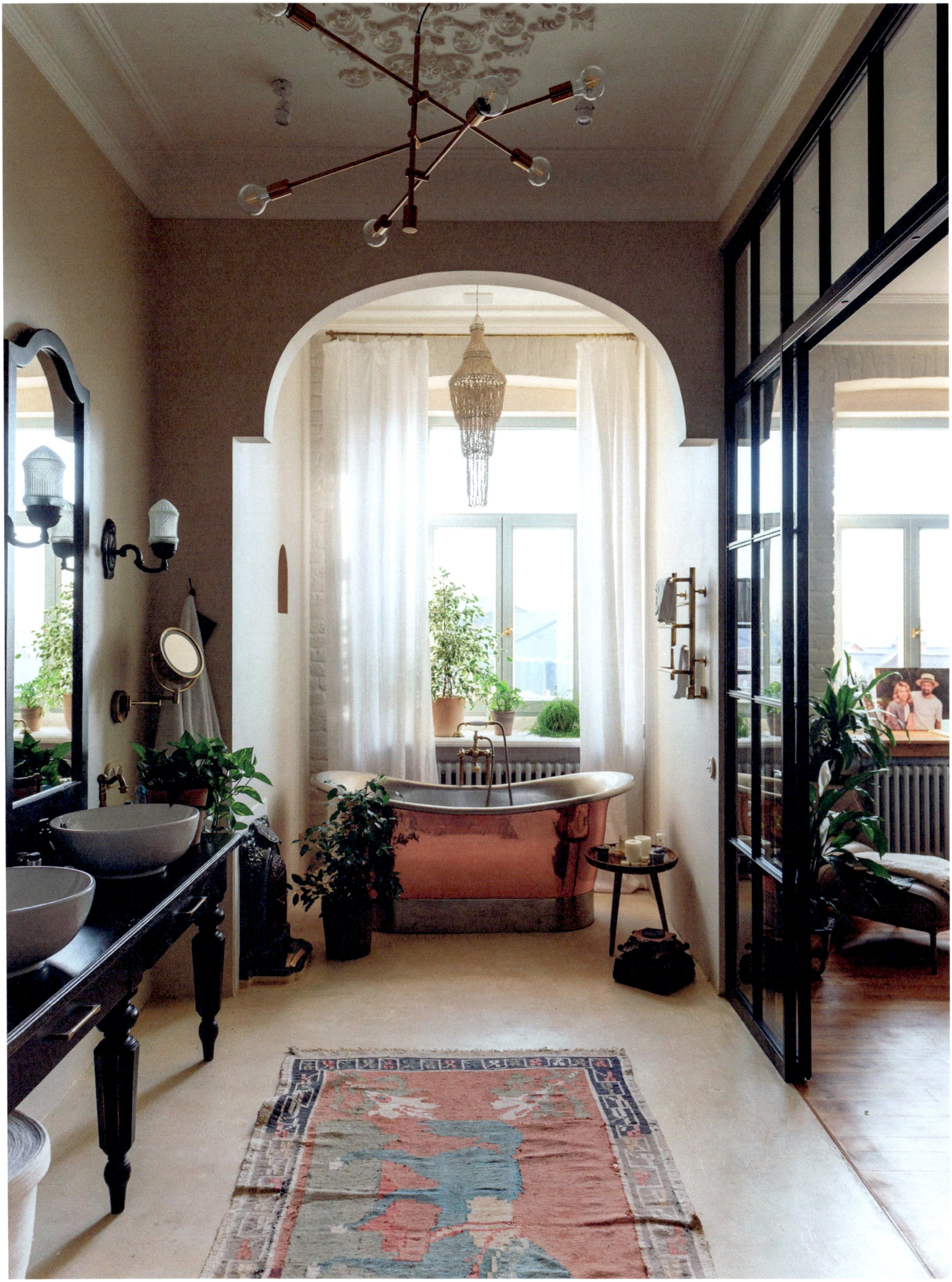

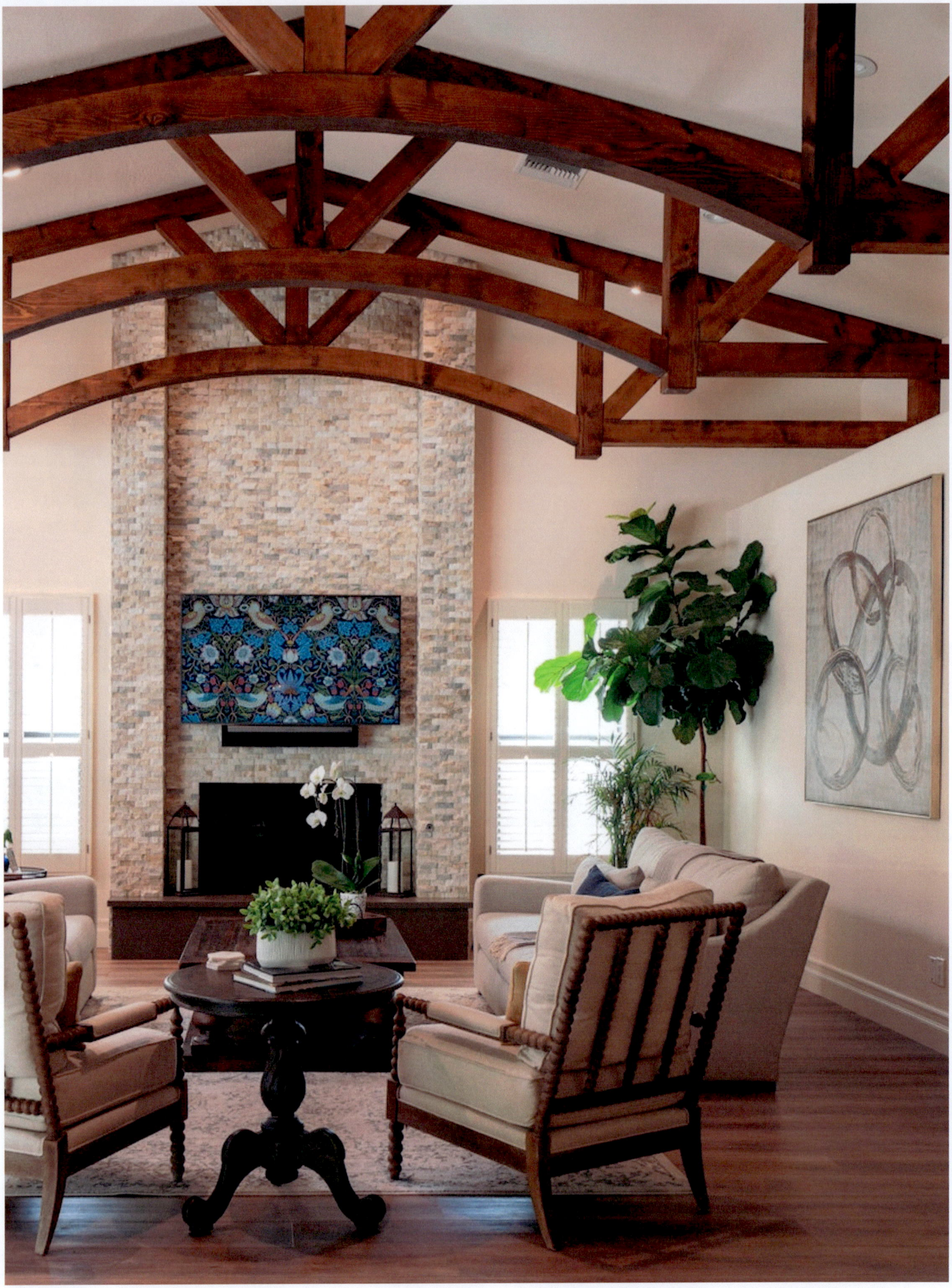

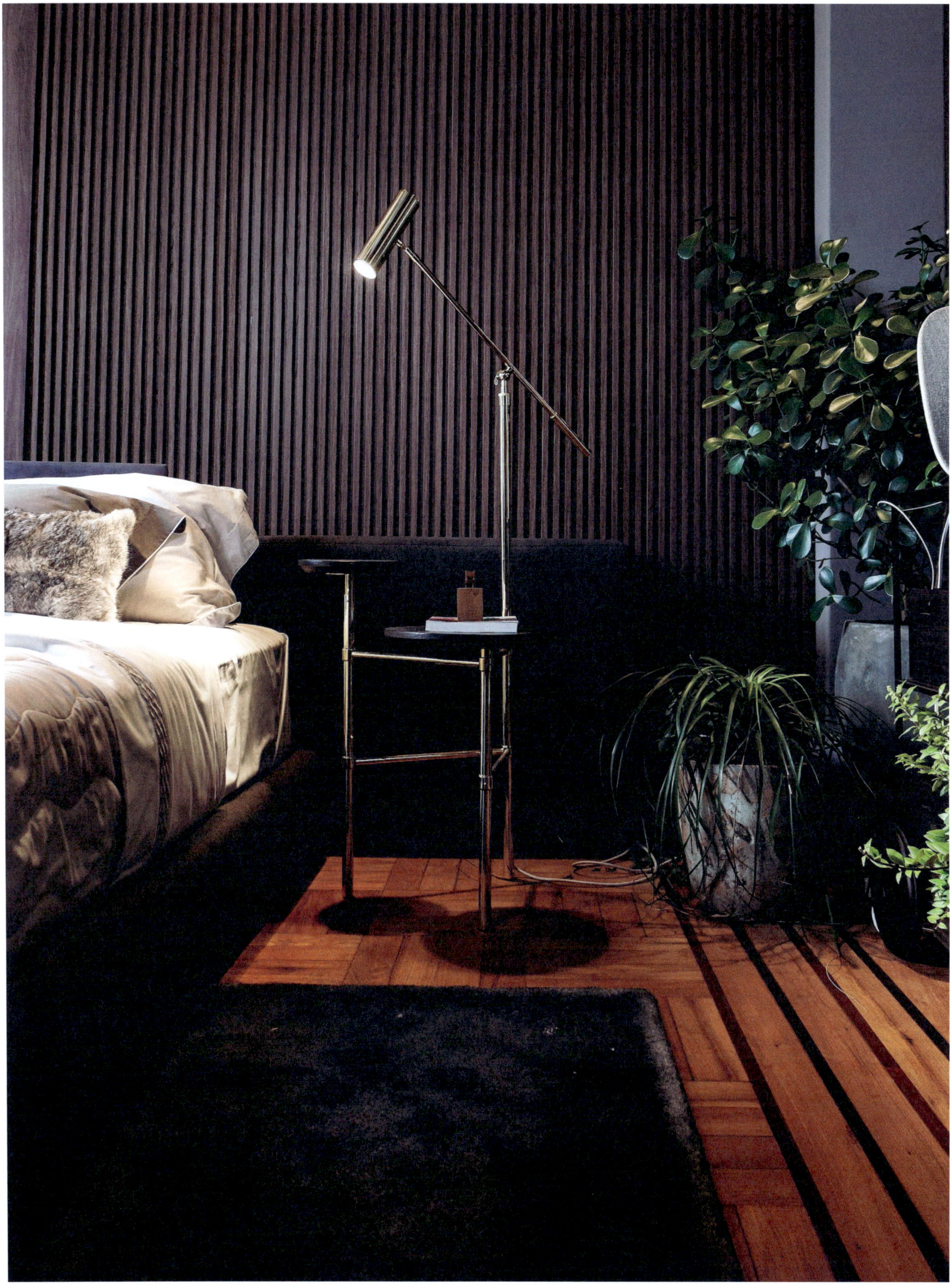

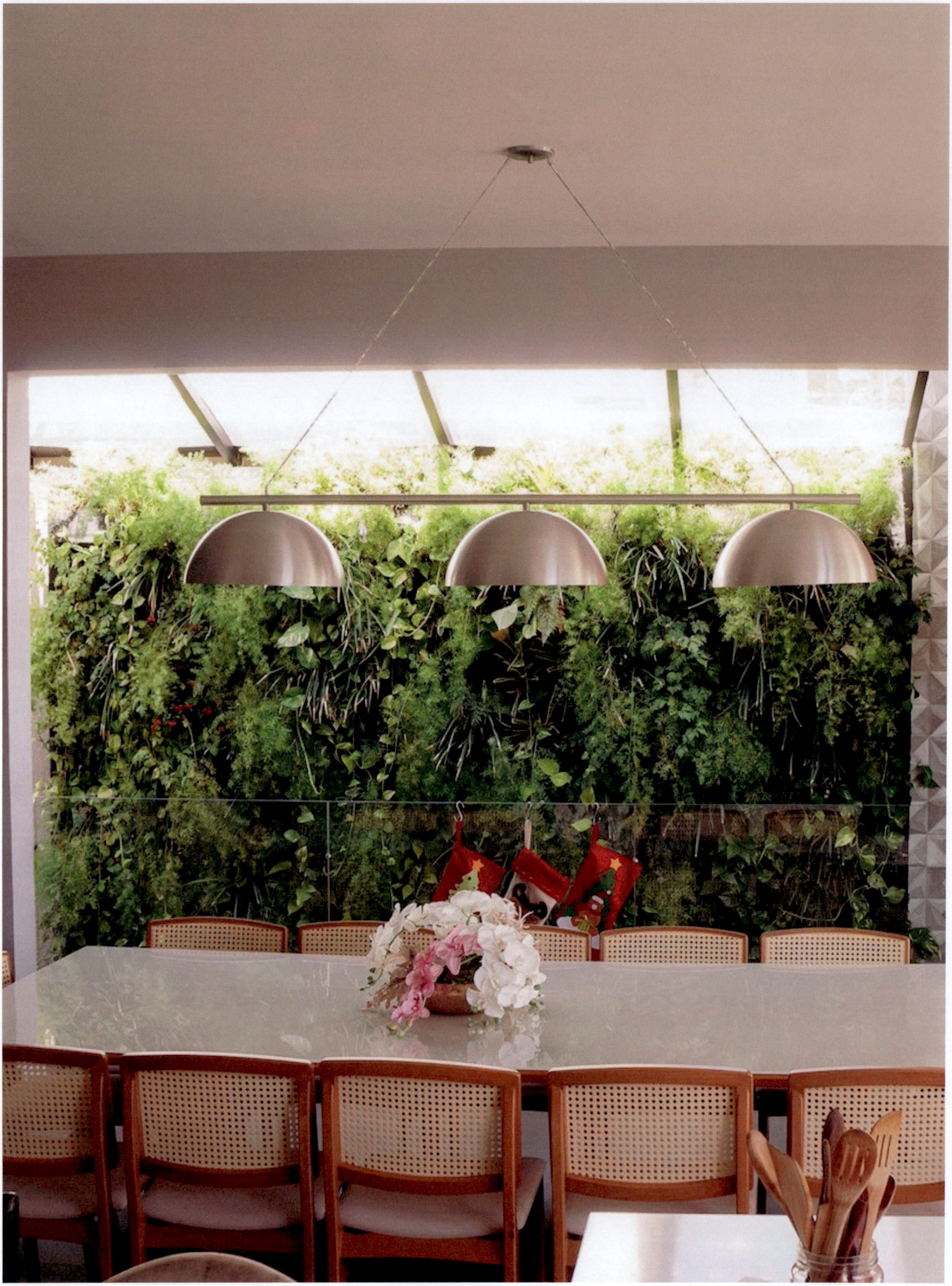

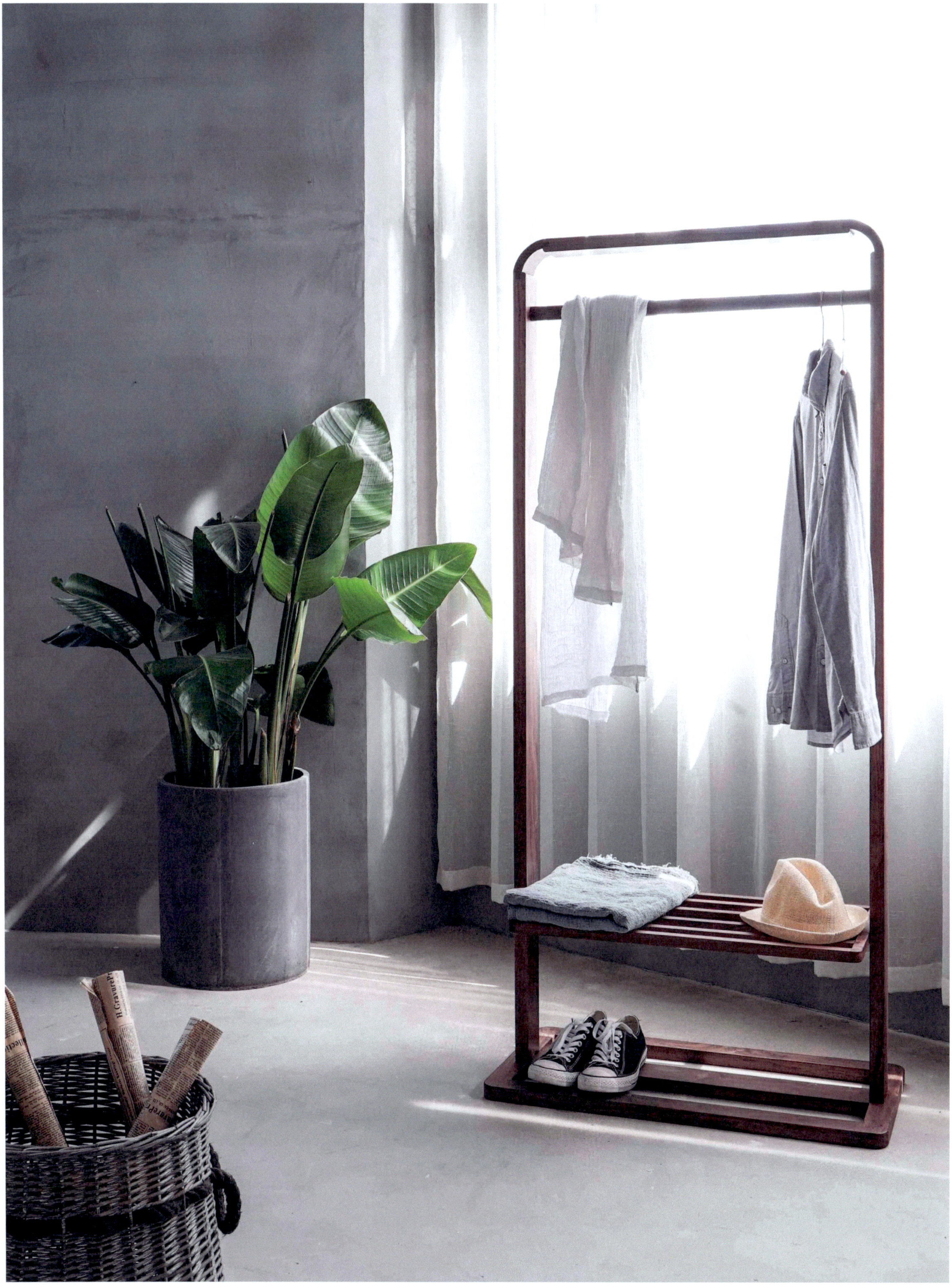

> THIS TIME IT WAS DIFFERENT
> THIS TIME AT MY PITY PARTY
> I CRIED UNTIL FLOWERS BLOOMED FROM
> THE FLOODED SOIL BENEATH MY FEET. I
> DANCED SO HARD THE CHANDELIER FELL
> FROM THE CEILING. MY LAUGH WAS HEARD
> FROM DISTANT GALAXIES AND I GREW 600 FEET
> OVERNIGHT. THIS TIME I DIDN'T CRUMBLE BENEATH
> THE WEIGHT. I ENGULFED IT. MADE IT A PART OF ME EVEN
> ⟨illegible⟩ DIE. THIS TIME I REALIZED WHAT YOU'D BEEN TRYING TO ⟨illegible⟩

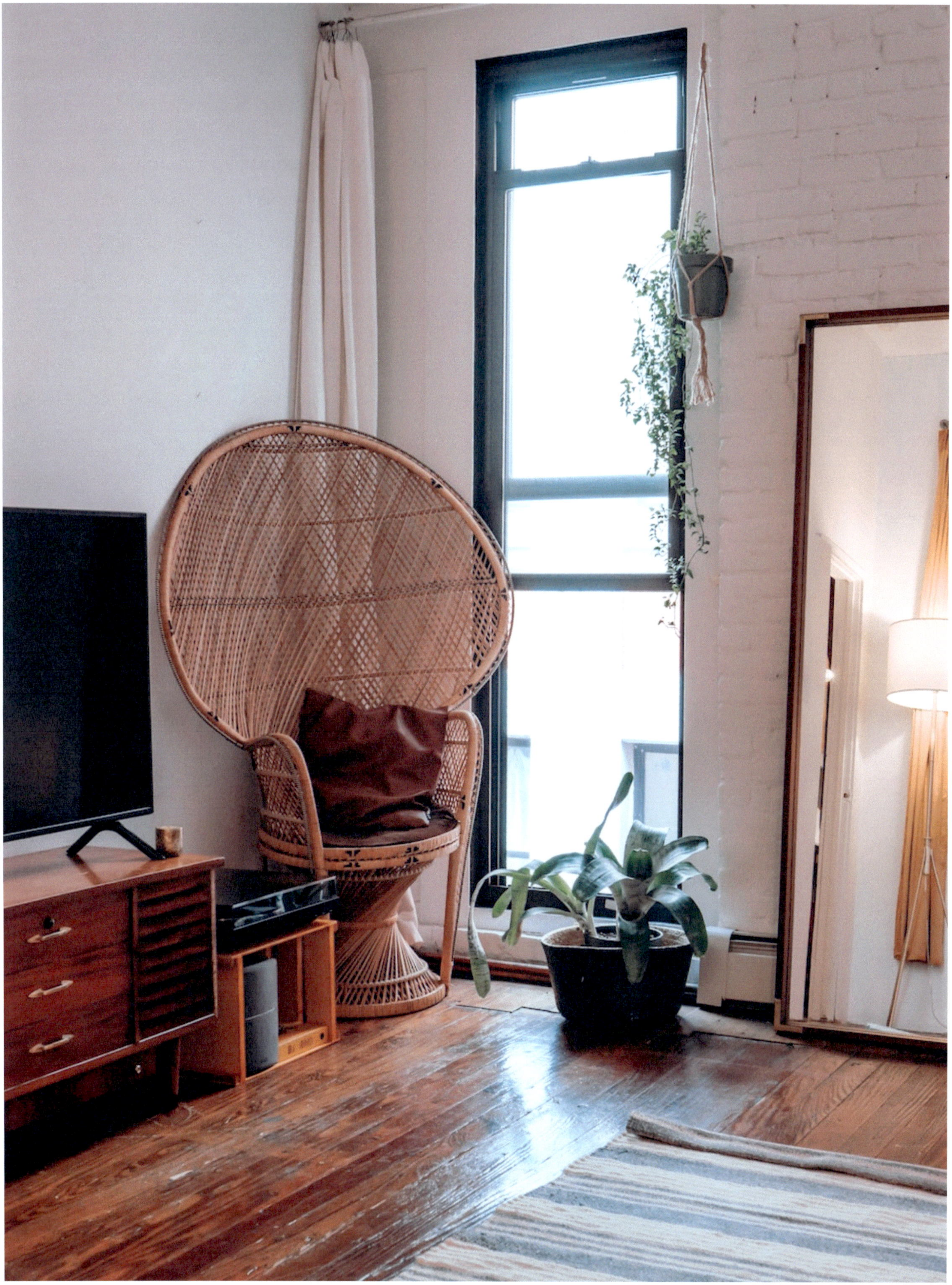

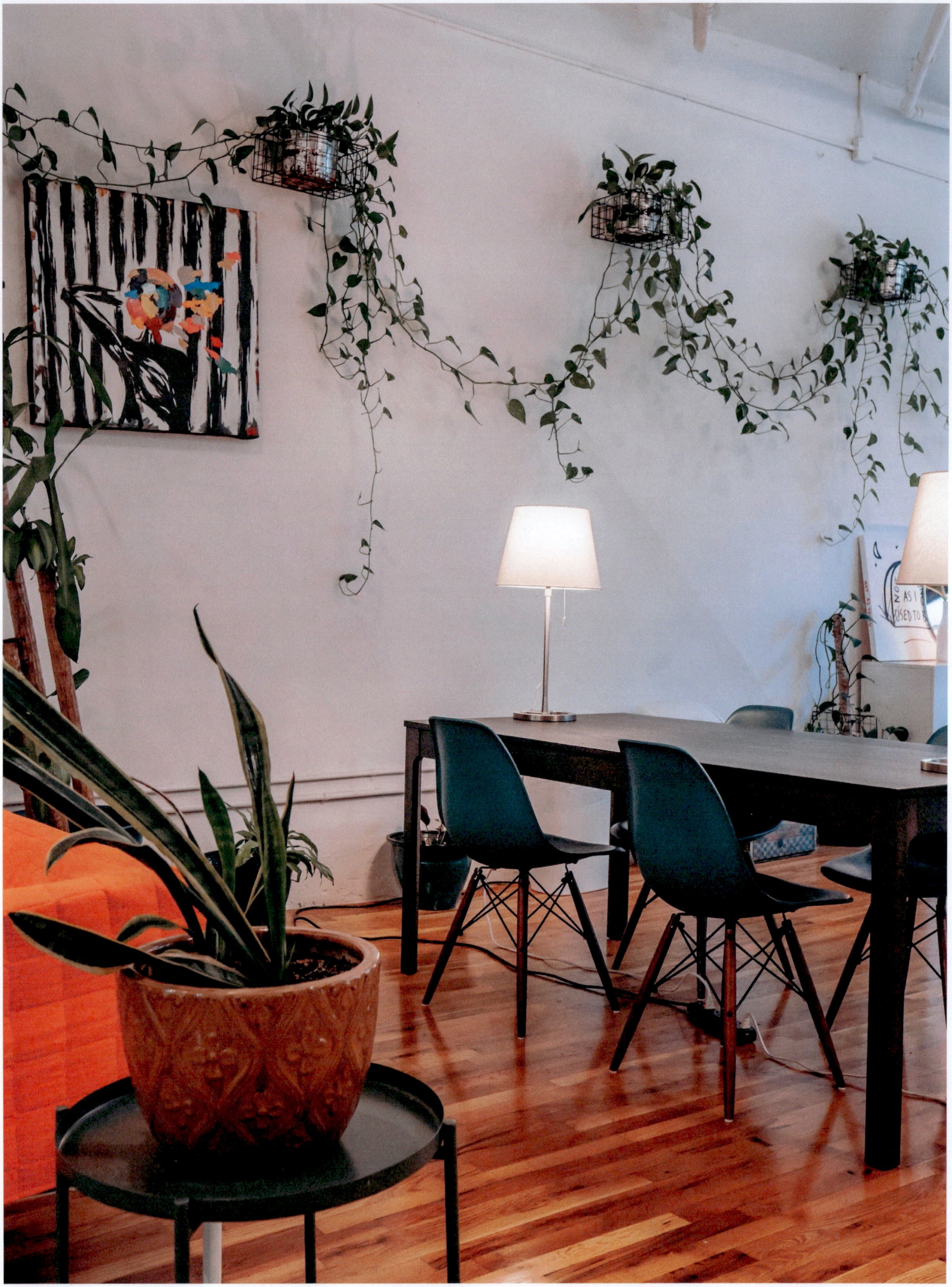

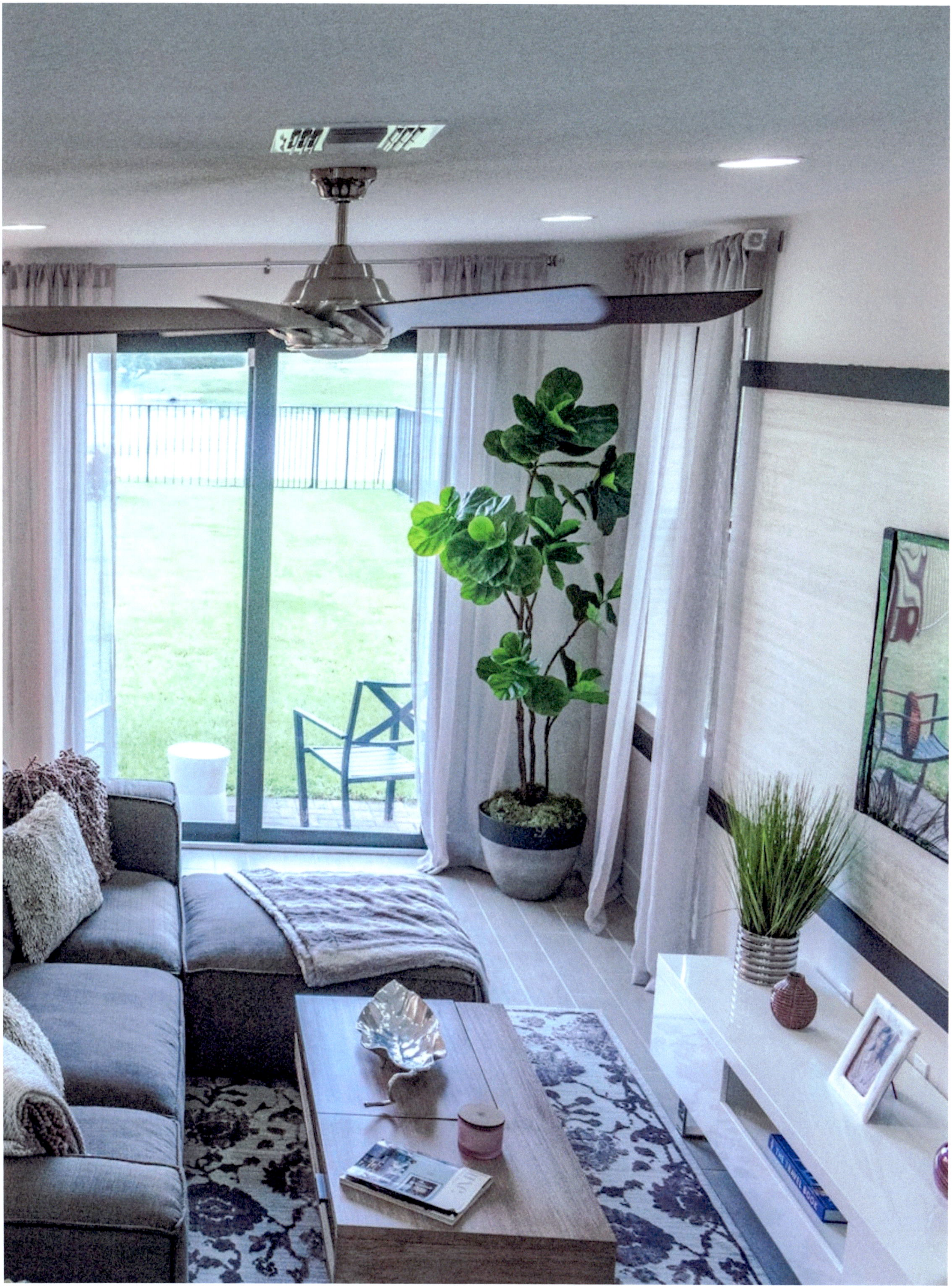

THE UNITED STATES OF AMERICA
TASCHEN
THE UNITED STATES OF AMERICA
TASCHEN

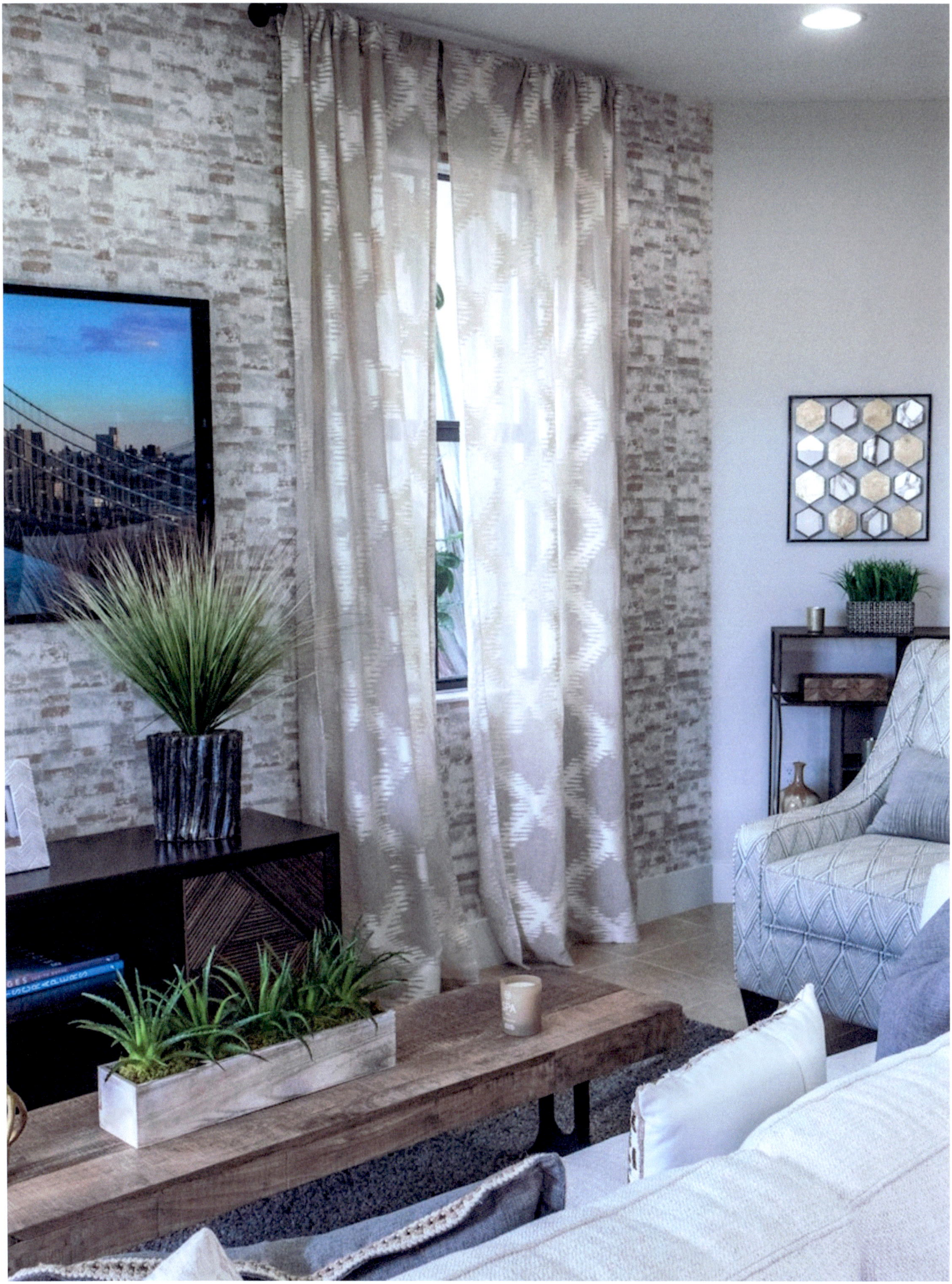

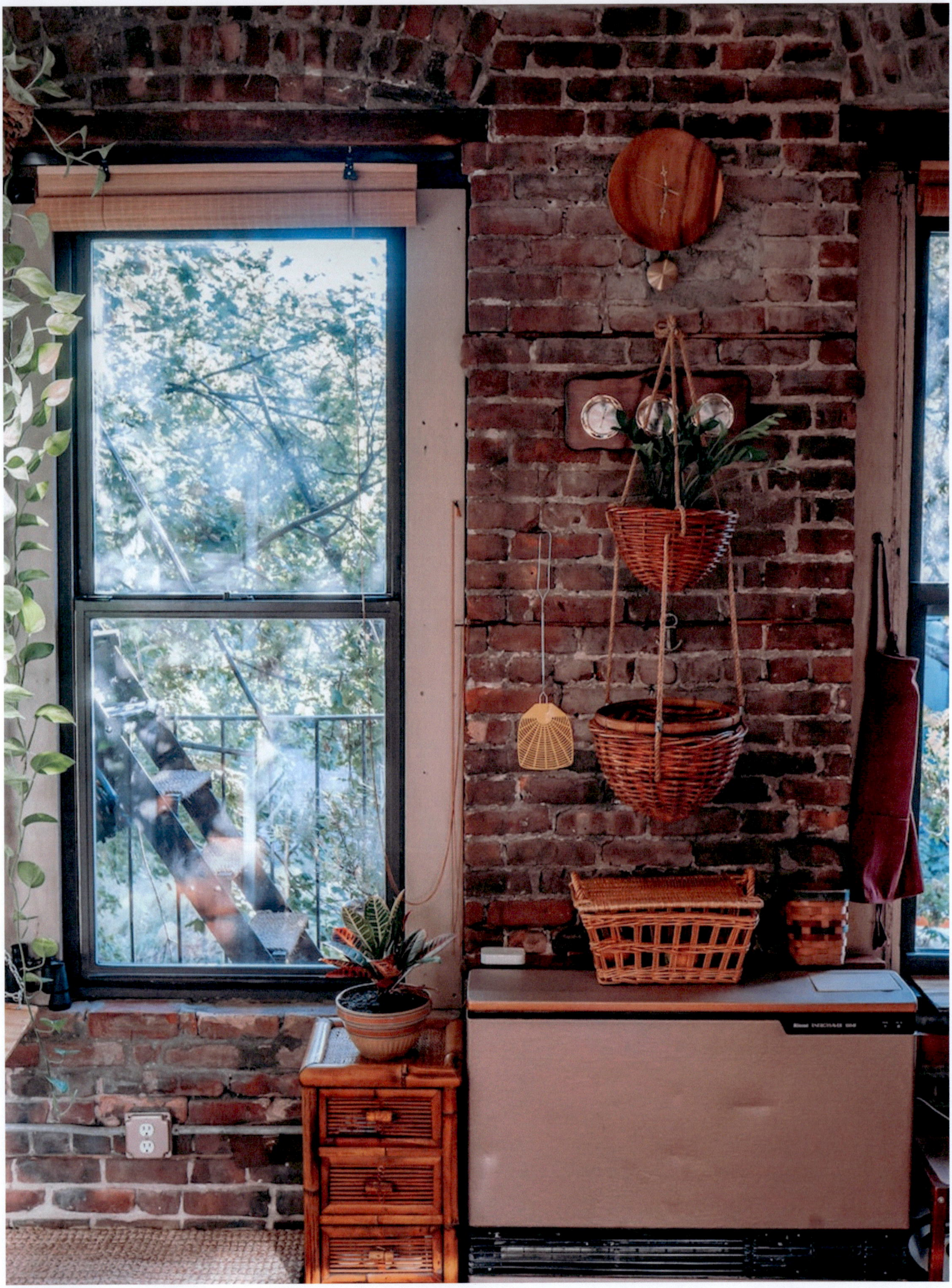

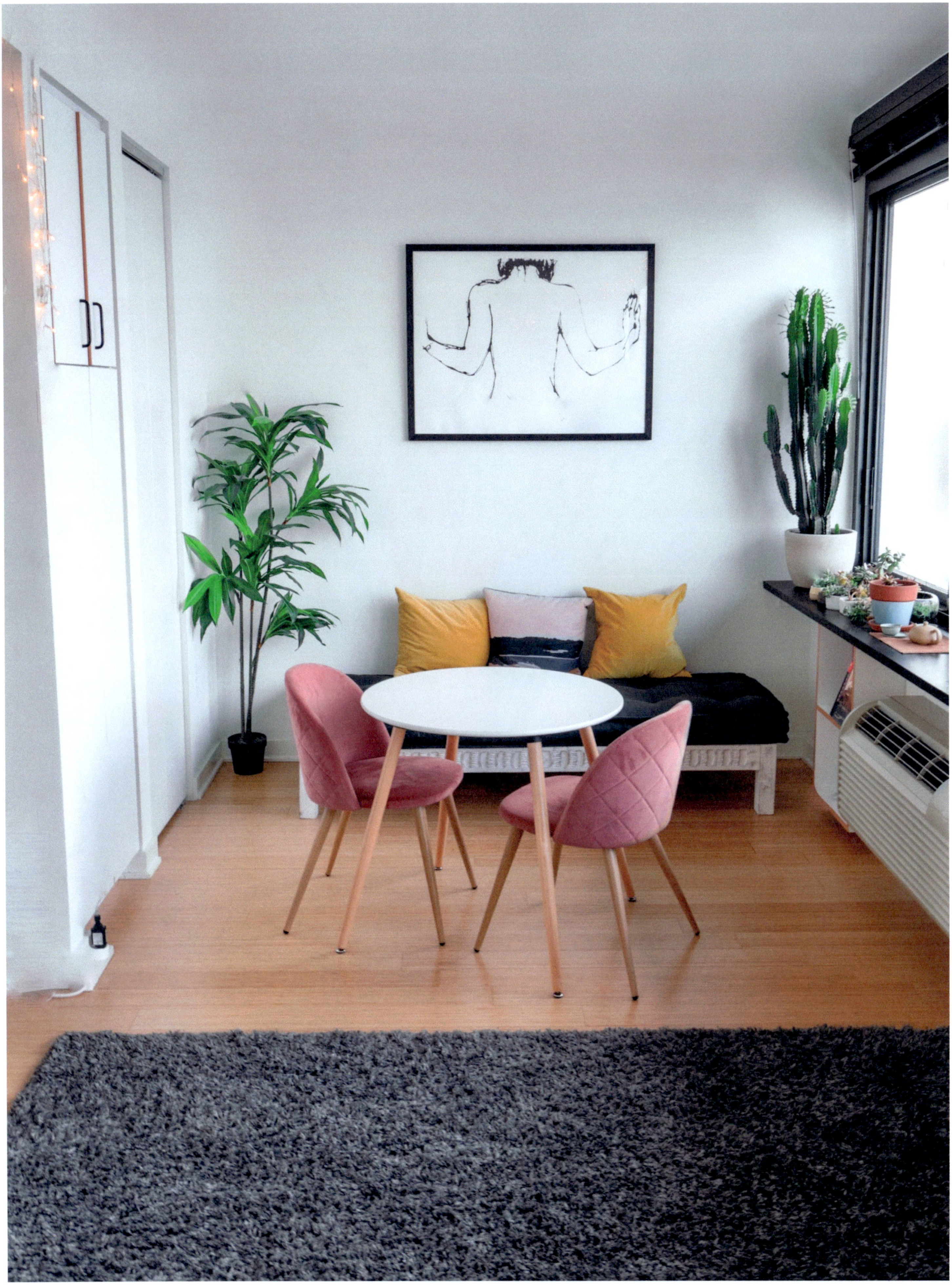

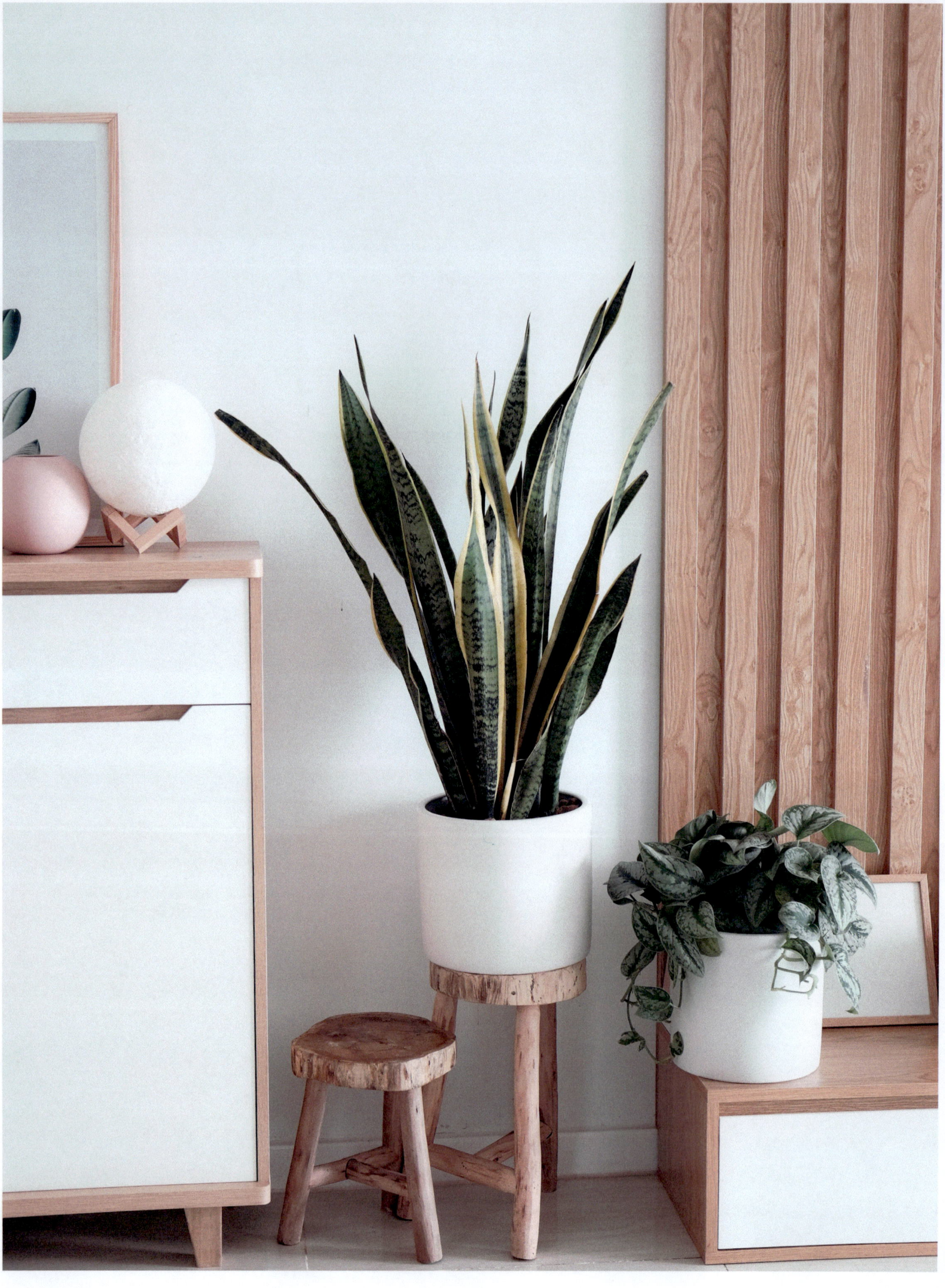

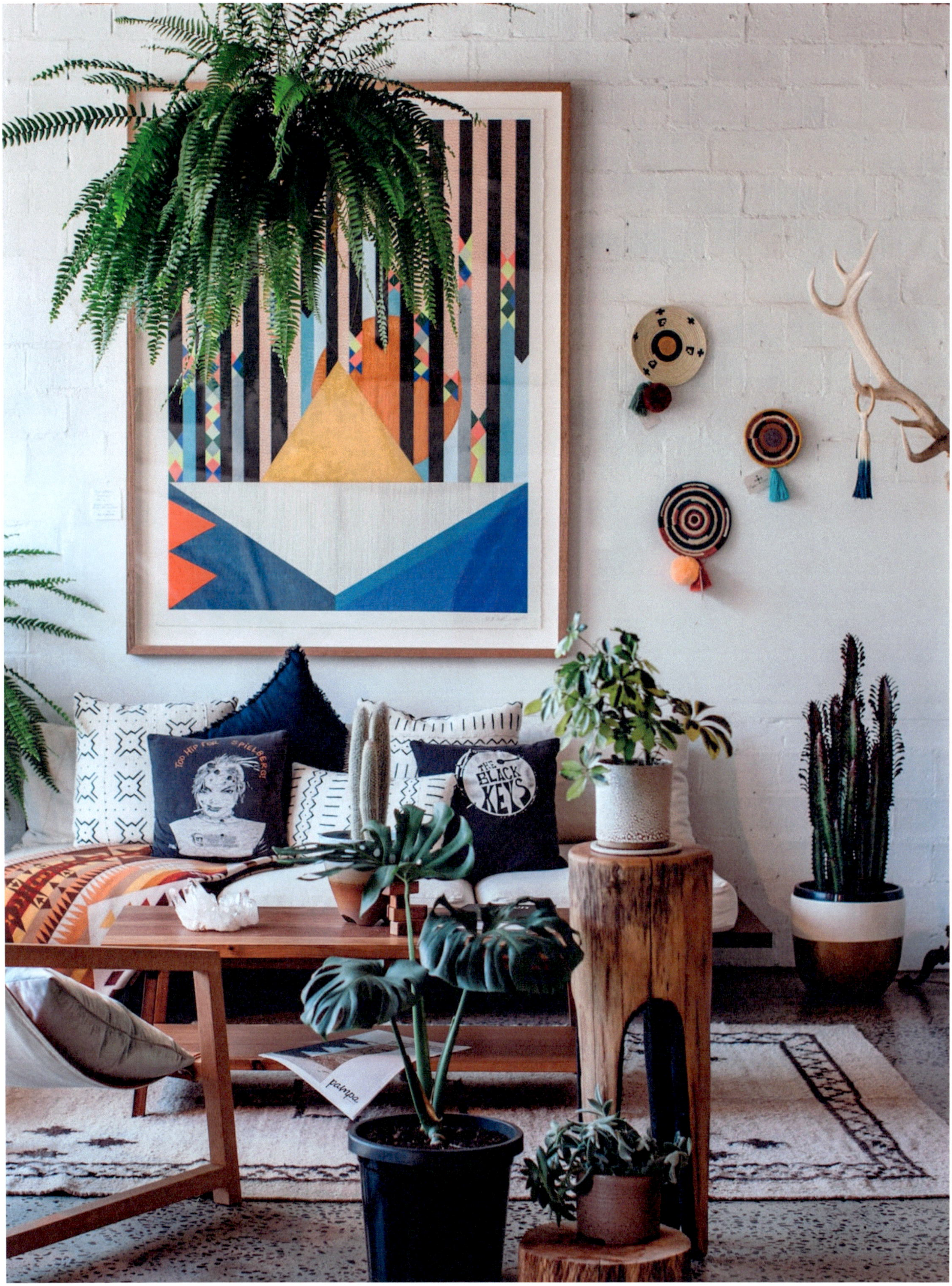

TOO HIP FOR SPIELBERG!
THE BLACK KEYS
pampa

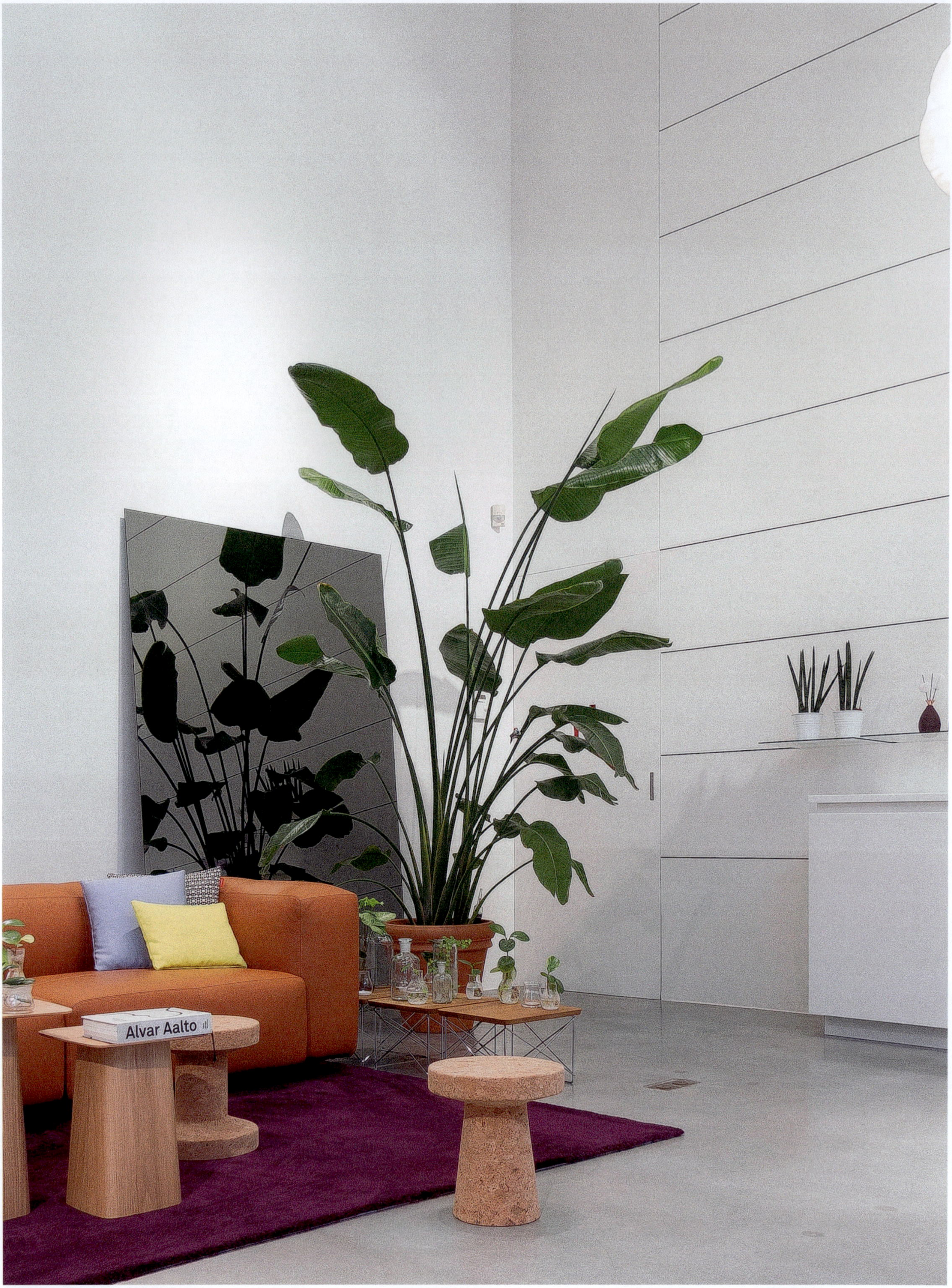
Alvar Aalto

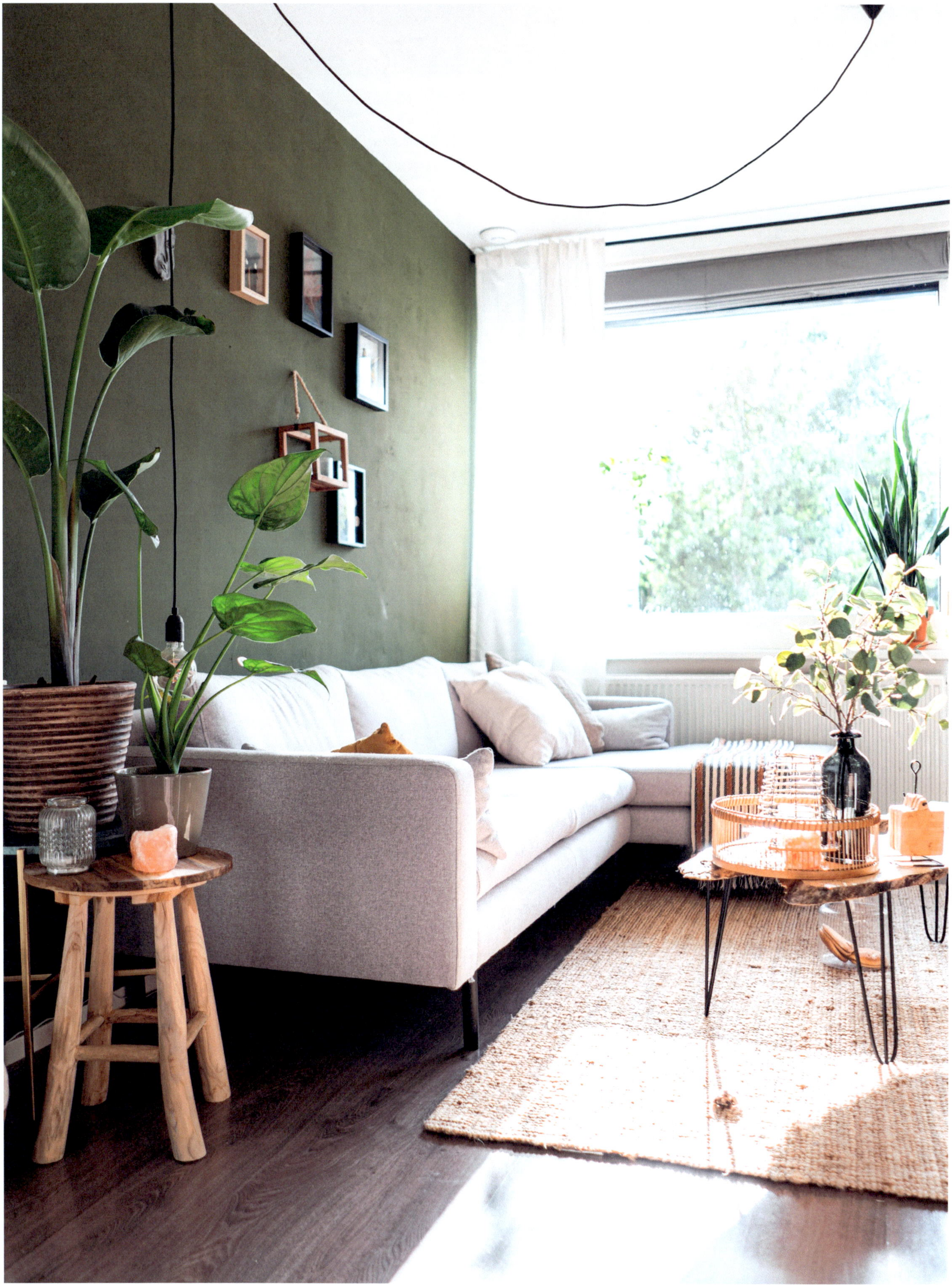

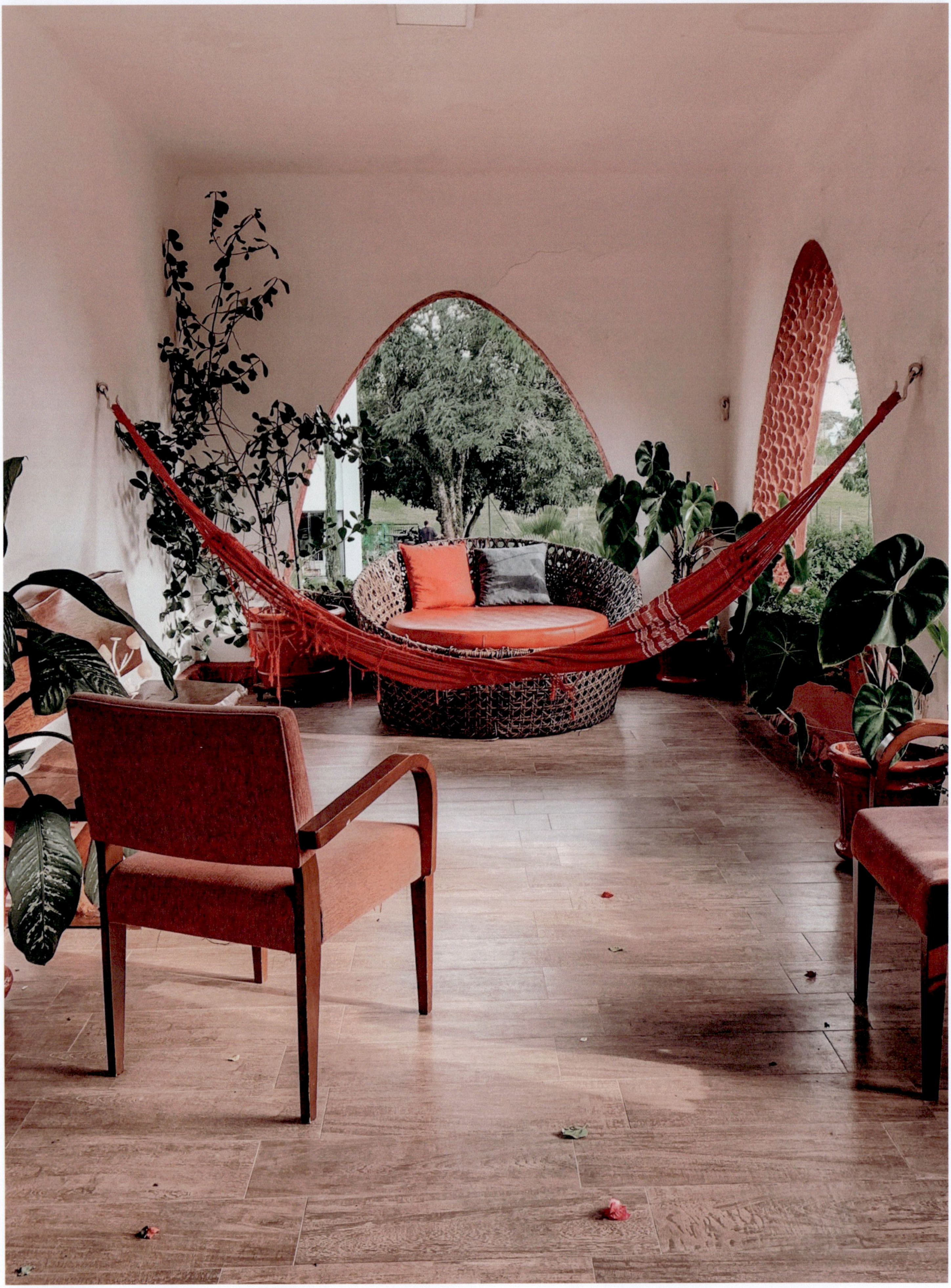

SÀIGÒN

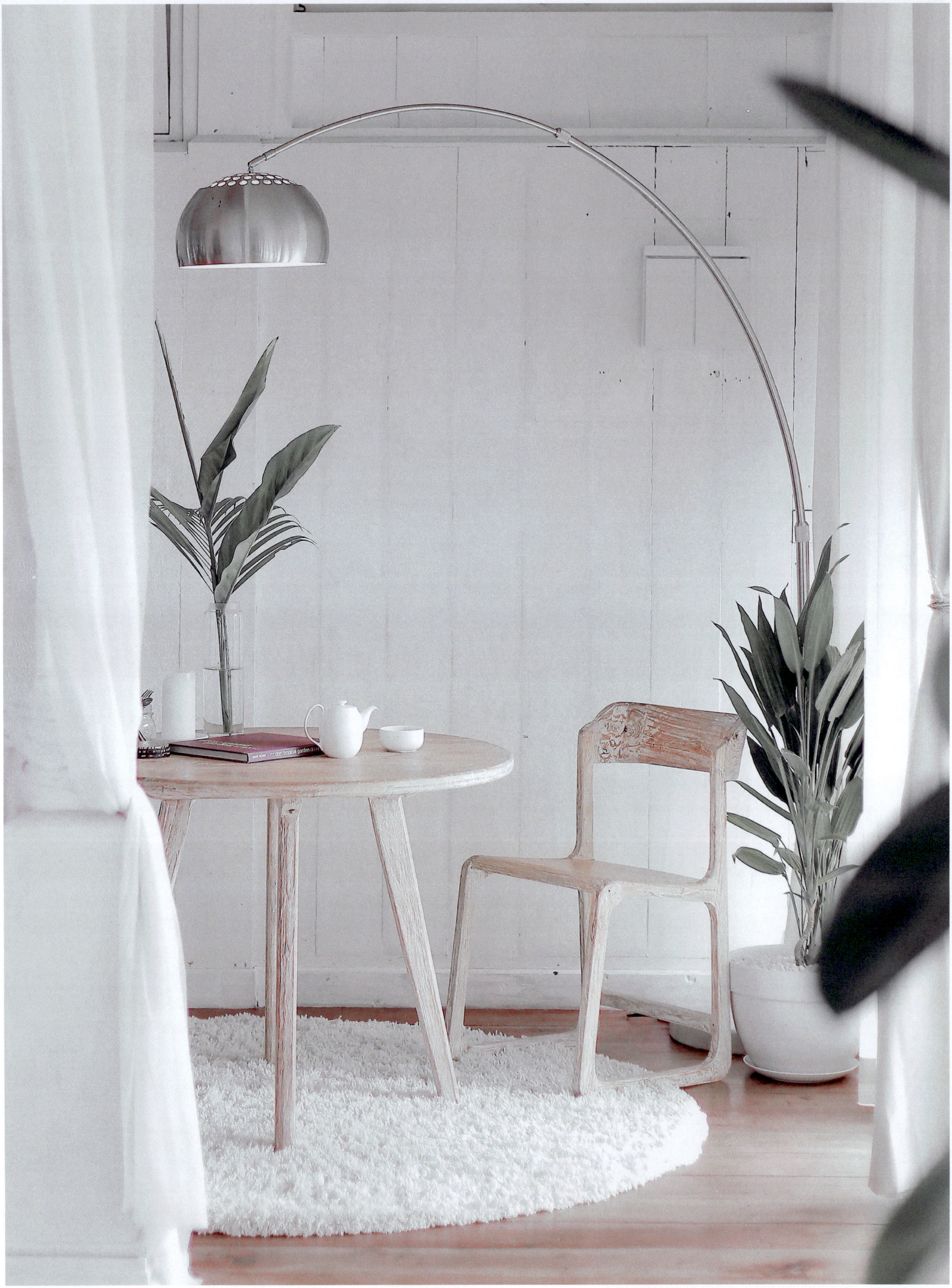

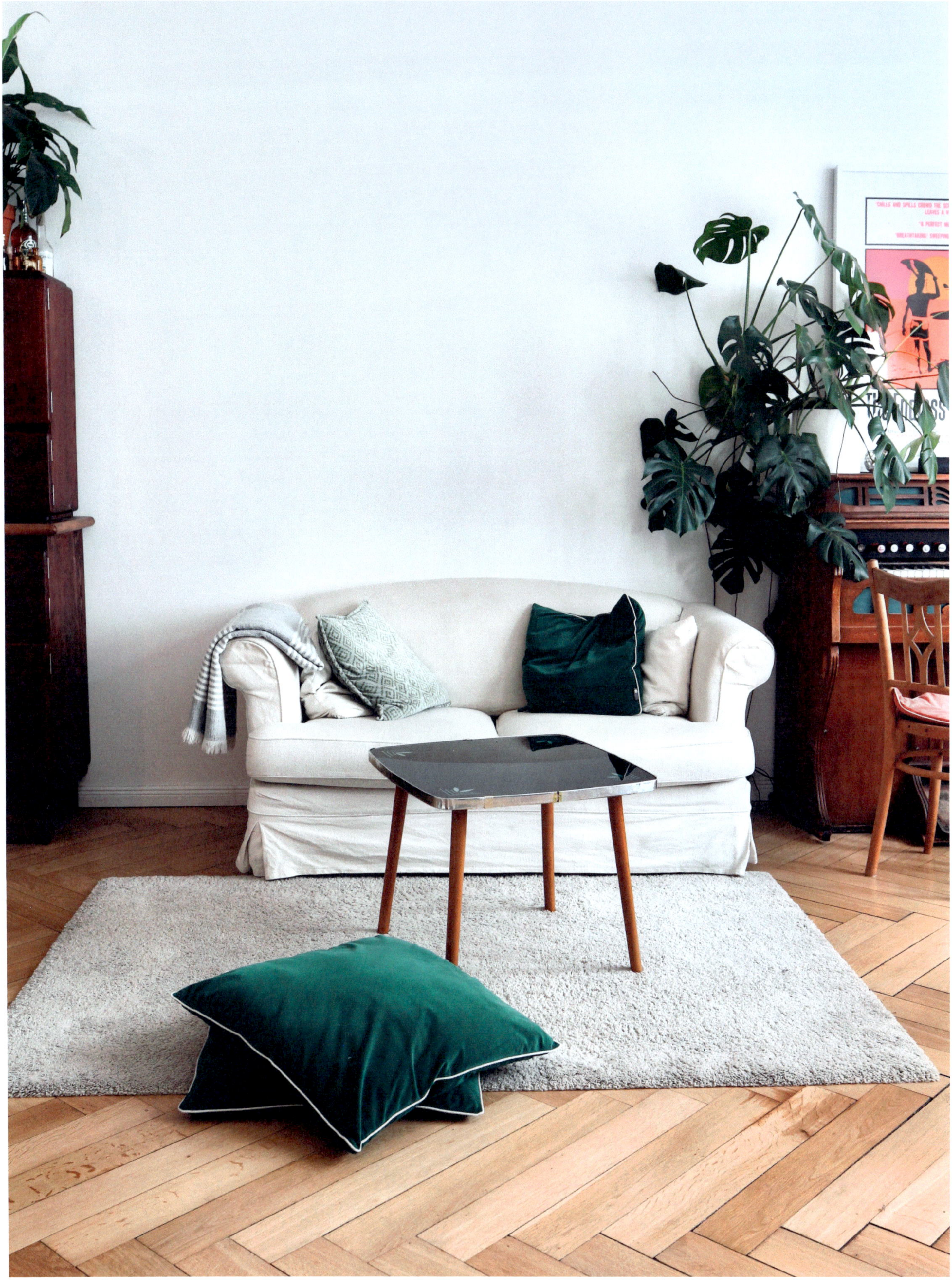

in your
twenties

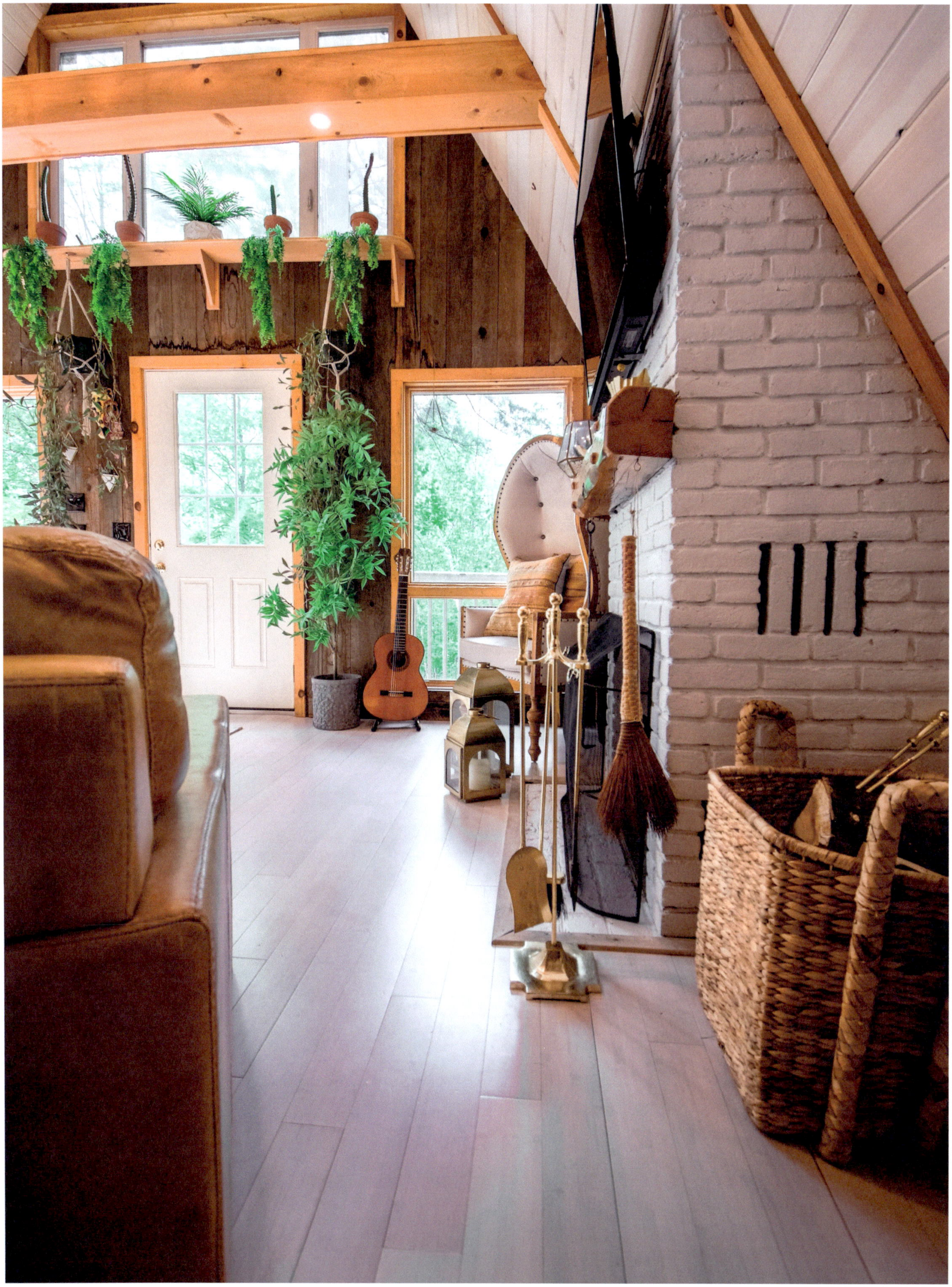

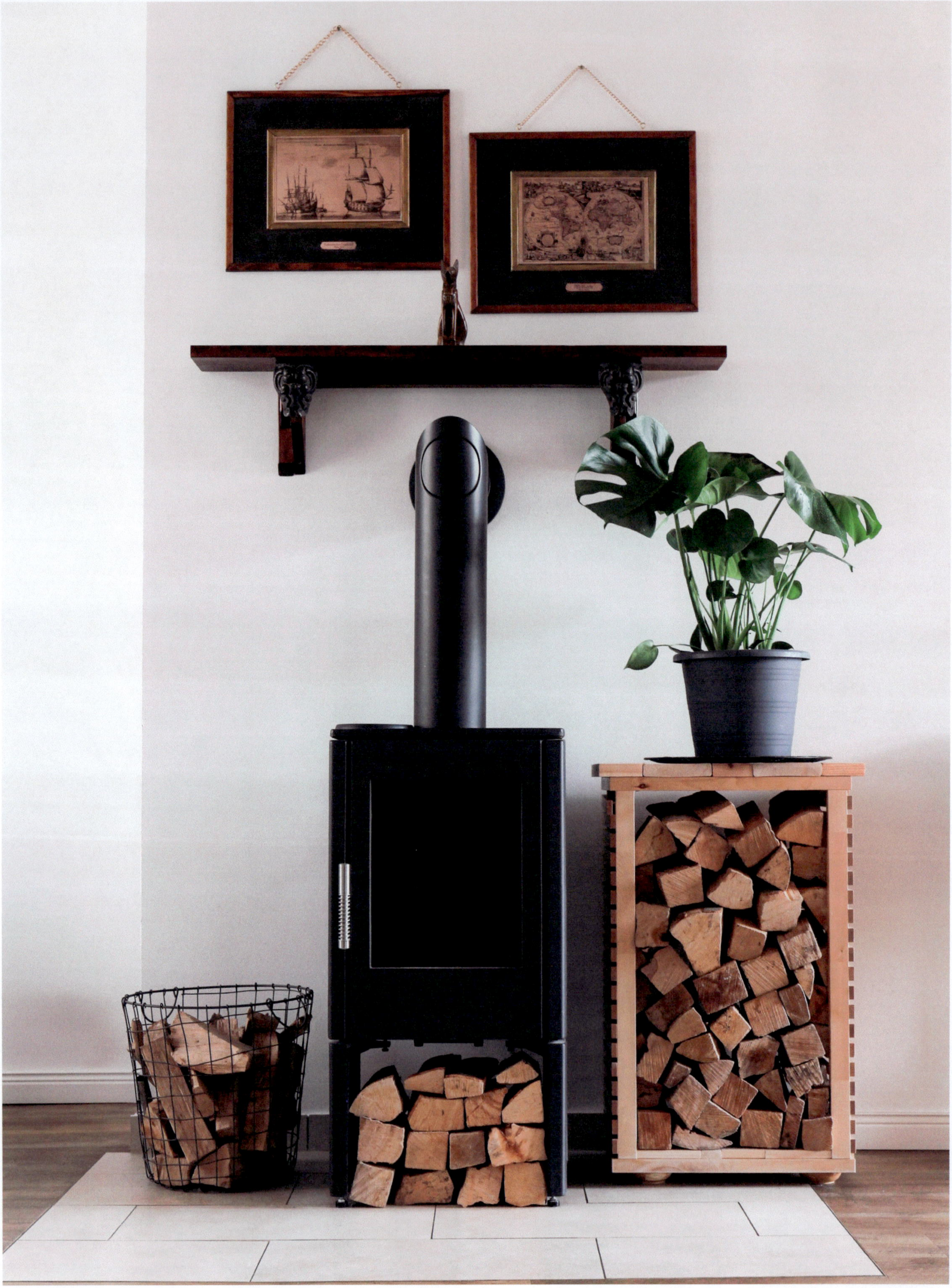

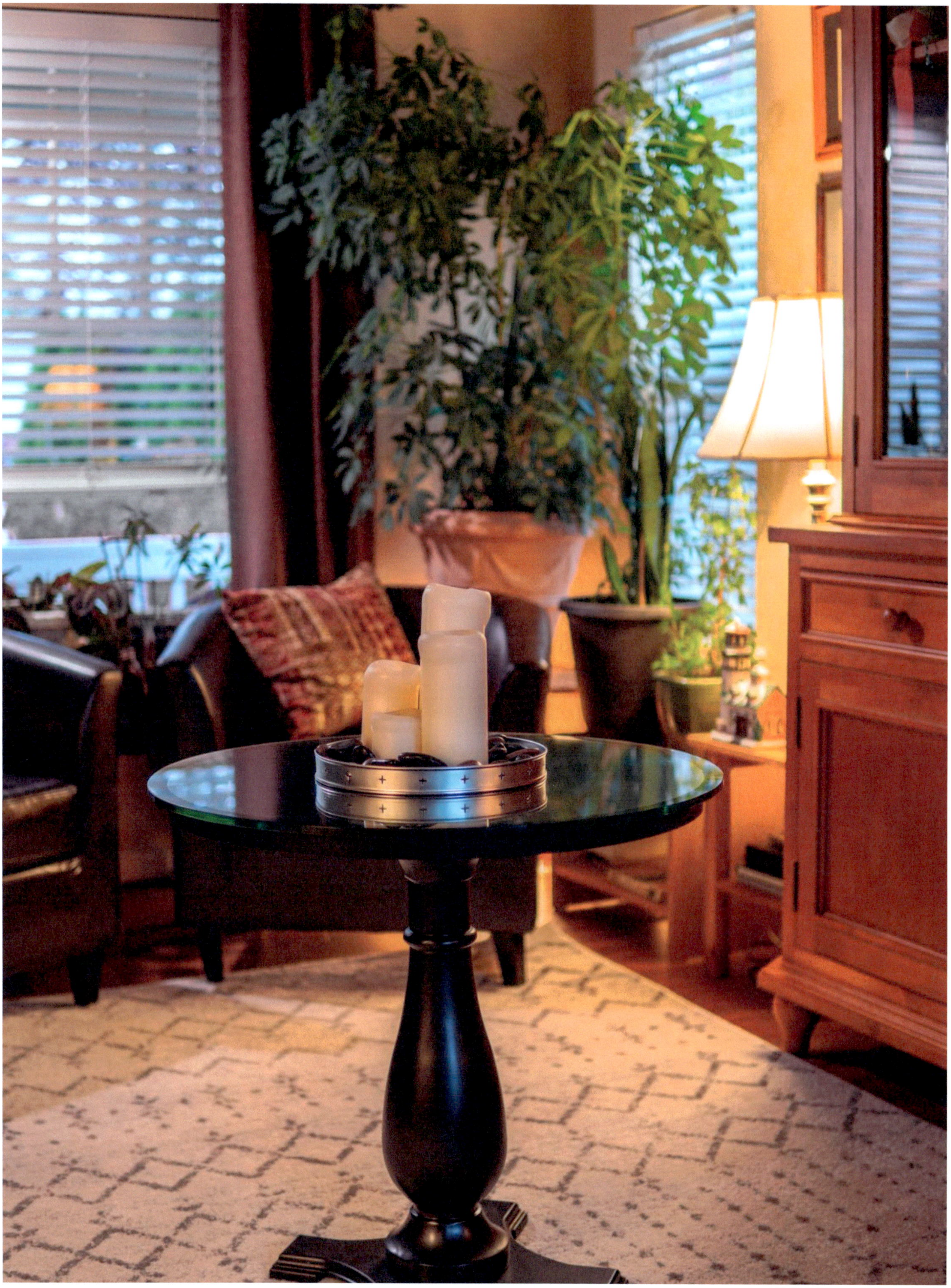

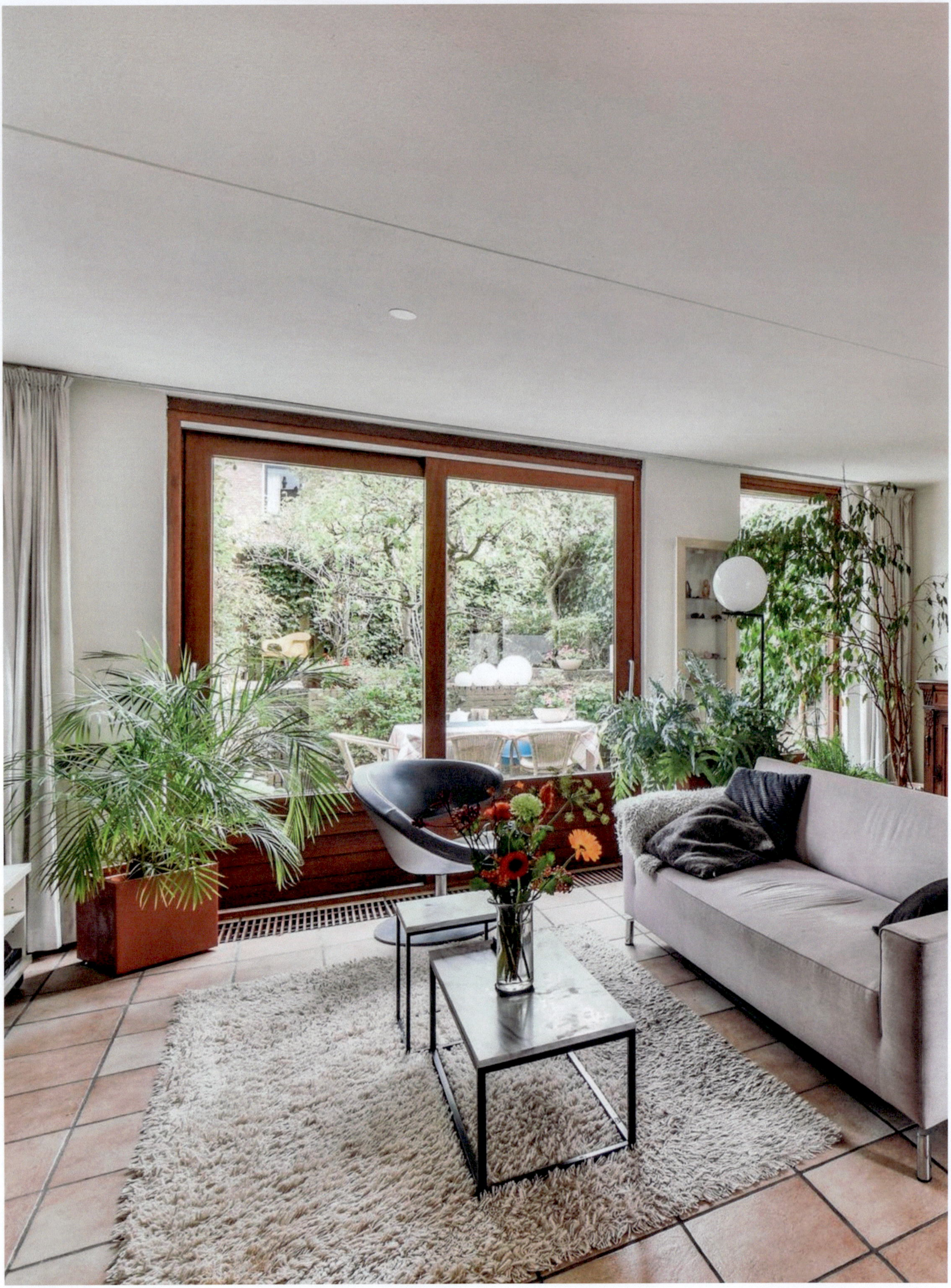

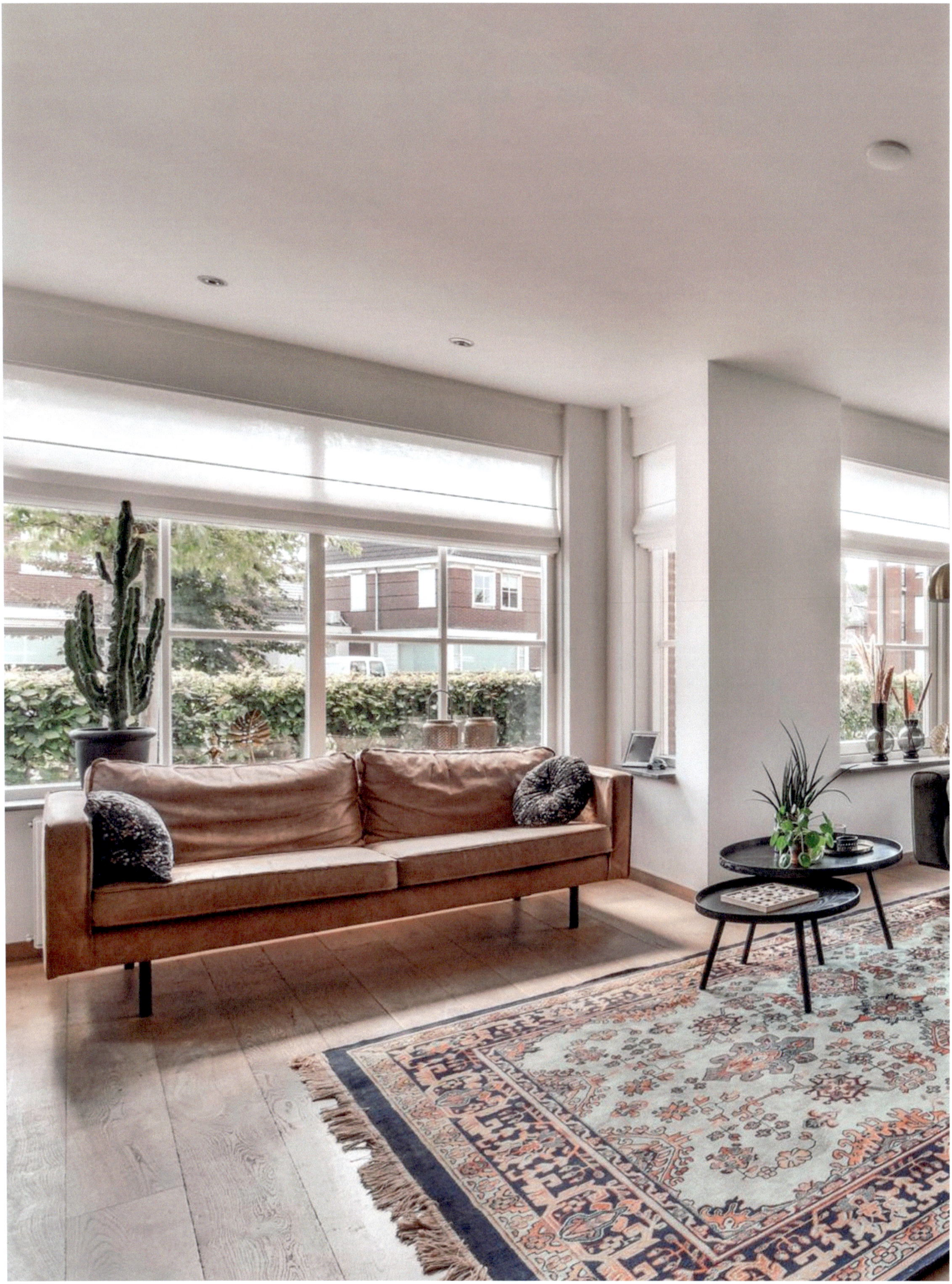

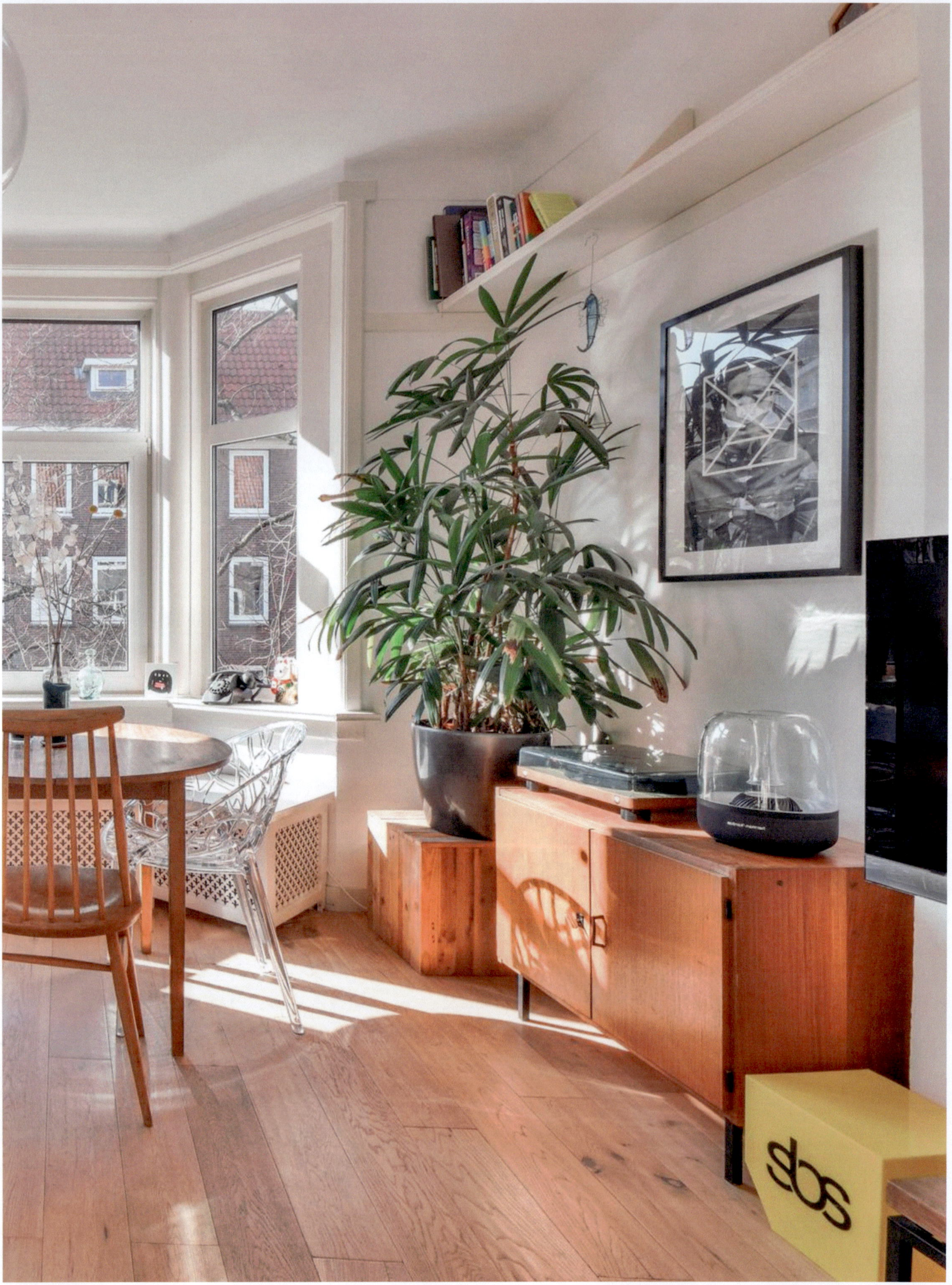
sbs

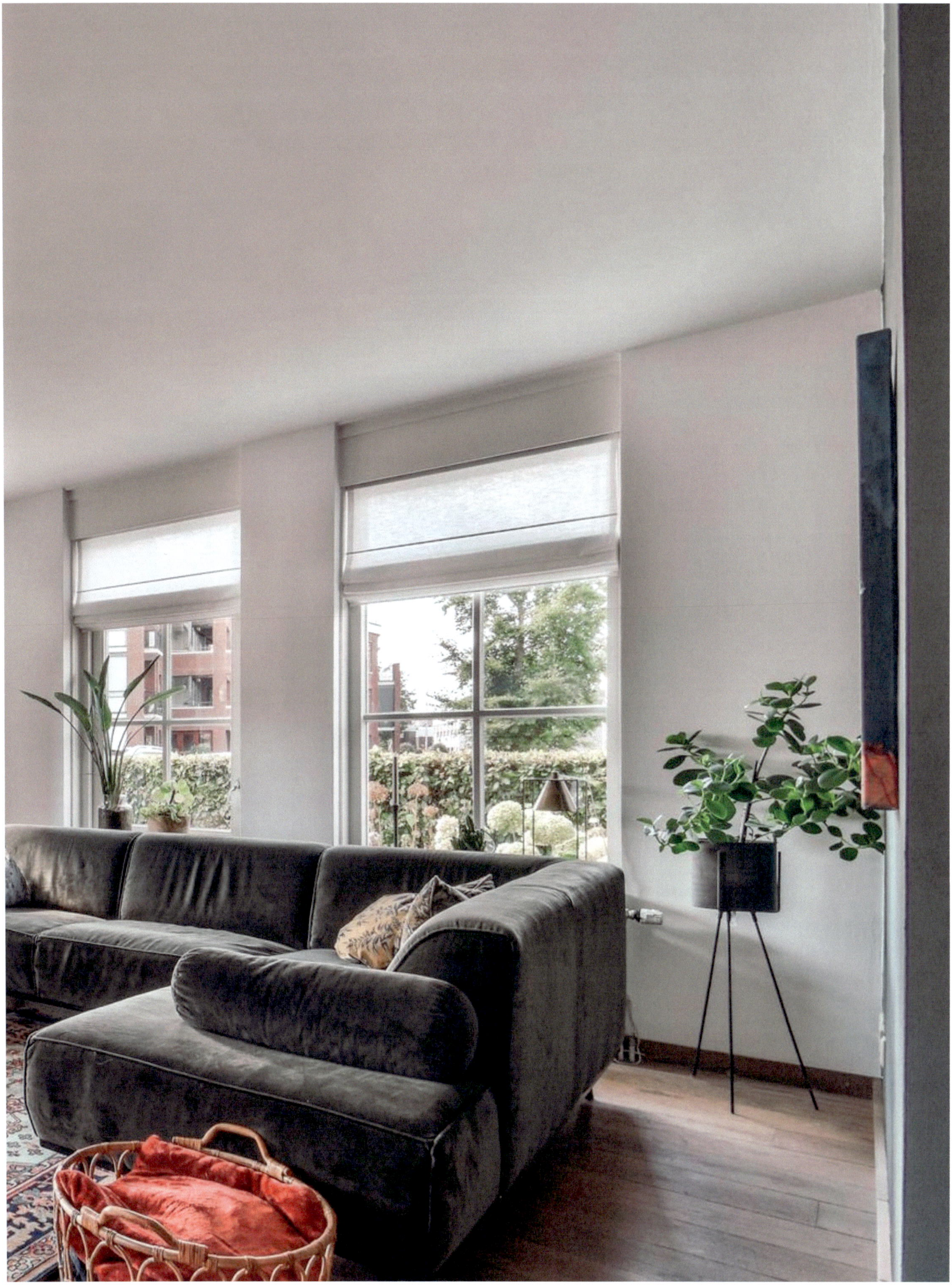

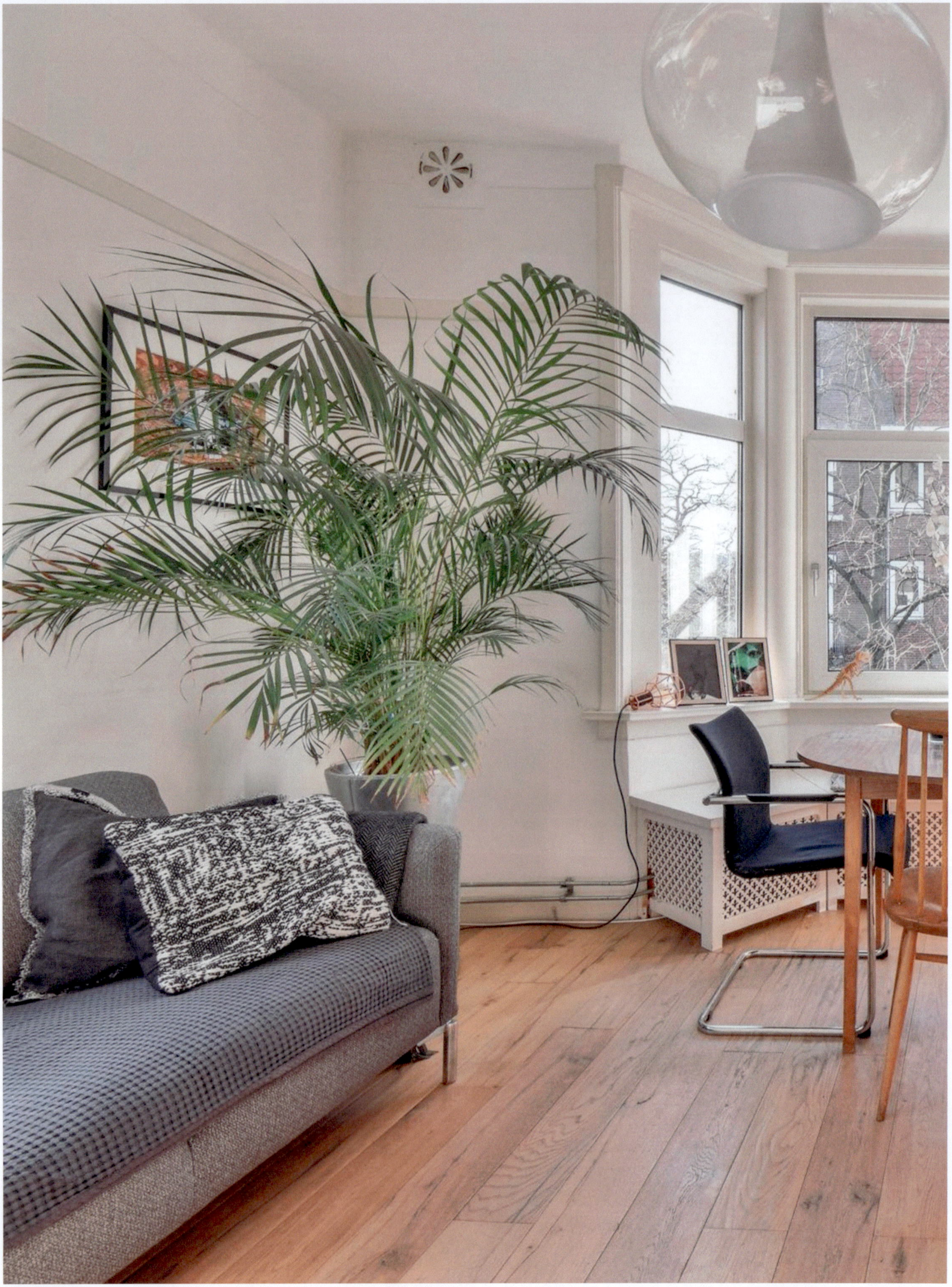

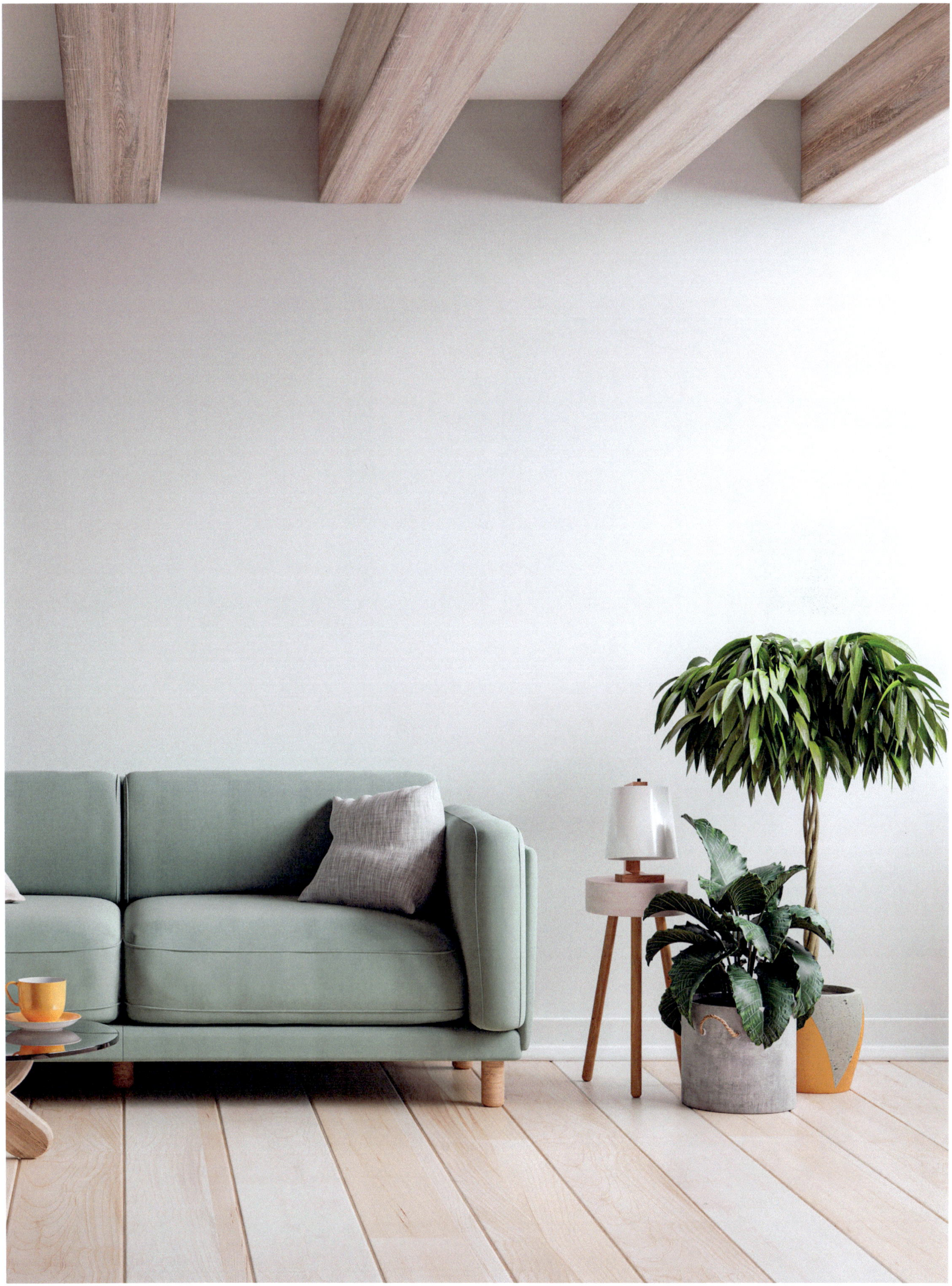

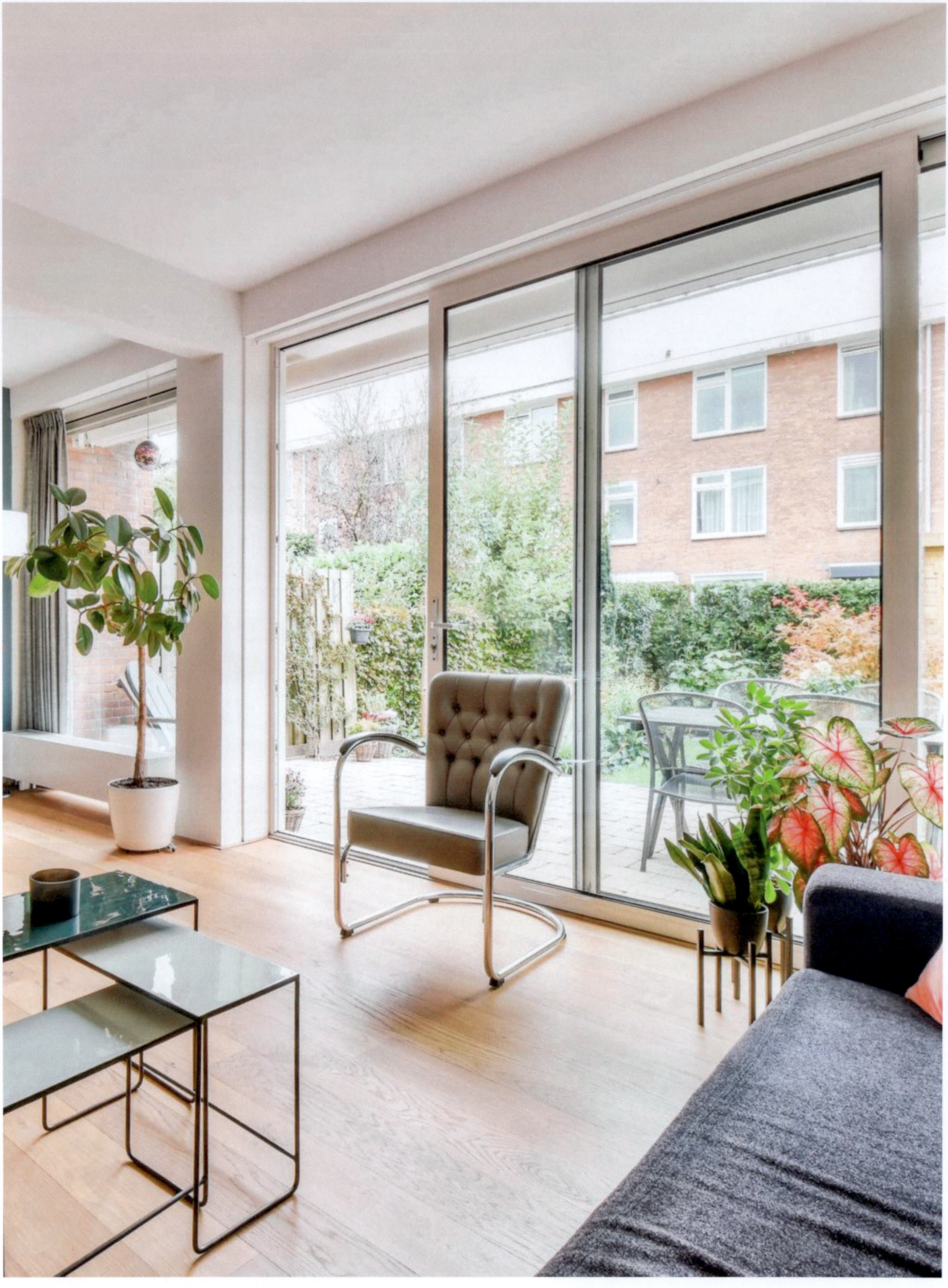

Printed in France by Amazon
Brétigny-sur-Orge, FR